내 벽장 속의 바다

.박.상.화. 이.야.기.시.집.

도서출판 을궁

느릅나무가 있는 풍경에 앉아

가을달이 내리는 강을 바라본다

바람 소리는 차고

새들의 노래는 고요하다

검은 꿈마다 떠다니는 뱃사공은

저작거리의 별들을 퍼 내린다

연꽃잎마다 술은 익어가니

아니 마시고 어이 하리

『내 벽장 속의 바다』, 박상화

브라질에 있는 나비의 날갯짓이 미국
텍사스에 토네이도를 발생시킬 수도 있다

그리고 그것은 다시

나비들의 날개짓에 영향을 준다

♪ 이야기시집 - 이야기를 주 내용으로 하는 시집입니다
♪ 시소설집 - 시를 주 내용으로 하는 소설집입니다
♫ 이 책은 이야기시집입니다

박상화 이야기시집

『 나비의 탄생 』편

●

·

시작합니다

프롤로그.

 사공은 노를 저으며 망망대해를 바라본다. 그가 있는 곳은 곧 부서질 것처럼 아슬한 작은 조각배 위. 자신이 왜 그곳에 있는지 알지 못한다.
 방금 전까지만 해도 호수 위 달을 띄워놓고 동무들과 술을 마시며 놀았었는데, 멀리서 번쩍 별이 떨어지는 광경을 멀거니 바라

봄과 동시에 기억을 잃고 말았다. 사공의 마지막 기억은 거기까지다.

사공이 떠있는 곳은 아득히 먼 지평선만 보이는 바다 위. 보이는 것이라고는 자기 자신과, 그런 자신을 투영한 바닷물뿐이다.

"여기 아무도 안 계십니까?"

사공의 외침은 혼잣말이나 다름 없었다. 공허한 자신의 소리만 메아리처럼 되돌아올 뿐이다. 눈을 드니 자신은 망망대해 안에 홀로 버려져 있는 채였다.

지나는 배나 갈매기조차 떠오르질 않았고, 눈을 씻고 봐도 지표가 될만한 섬조차 보이질 않았다.

그의 최근 기억을 더듬어보면, 술기운에 멀리 떨어지는 별의 형체가 참으로 아름답단 생각이 든 것까지다. 정신이 드니, 사공은 곧 난파될 것 같은 조각배 위에 자신의 몸만 위태로이 지탱하는 형국이었다.

그는 자신을 투영한 바닷물을 한 줌 퍼다 버렸다. 유난히 짠 느낌이 나는 바닷물이다. 한참을 멍한 채로 있던 사공은 갑자기 열심히 노를 젓기 시작했다.

끝도 없이 이어진 바닷물이 그의 노력을 비웃는 듯 흘러 나왔다

얼마나 노를 저어왔던 걸까. 한참을 가도 근방의 섬이나 물고기조차 나타나지 않았다.

그렇게 며칠 밤낮이 더 반복됐다. 사공은 이내 좌절하고 만다. 아무리 노를 저어도 아까 있는 것과 같은 바닷물만 보였기 때문이다. 그도 뱃일을 업으로 하는 사람이지만, 생전 처음 보는 별자리와 끝도 없이 이어 흐르

는 바닷물의 찬란한 광경은 그로서도 처음 있는 일이었다.

"어허…… 참으로 이상한 공간에 갇히게 되었구나."

사공은 그만 노 젓는 일을 멈추고, 아득한 수평선을 망연히 바라 보았다. 얼마 안 있어 그는 눈을 부릅 뜬 채, 그 자리서 벌떡 일어난다. 그 바람에 조각배가 크게 한번 휘청거렸다.

사공은 자신의 두 눈을 의심했다. 멀리 웬 벽장 하나가 바닷물에 둥둥 떠 내려오는 것이 보였기 때문이다.

.
.

바다 한가운데를 둥둥 떠 다니는 벽장이라니……. 사공은 왠지 기괴한 기분이 들었다.

그의 심란한 마음과는 달리 쩌렁쩌렁한 해는 미혹의 심해를 꿰뚫을 것처럼, 가지런히 그의 머리 위 놓인다. 사공은 곧장 벽장이 있는 방향으로 뱃머리를 틀었다.

이윽고 바다 한가운데 '둥' 떠다니던 벽장이 홀연히 그의 앞에 모습을 드러낸다.

벽장은 빗장으로 굳게 잠겨 있었다. 그것은 마치 묵은 할 말이라도 있는 듯, 그를 빤히 응시하는 것처럼 보였다.

사공은 멍하니 그것을 바라봤다. 푸른 바다색과 대비되는 붉은 색의 벽장은 사공의 마음을 심란하게 하기 충분한 것이었다.

사공은 곧 고민에 가로 놓였다. 이 모든 일련의 상황이 마치 누군가의 속임수인 것만 같이 느껴졌기 때문이다.

하지만 그에겐 다른 대안이 없었다. 저 안에 무엇이 있는지, 왜 바다 한가운데를 떠도는 채로 흐르는지, 저 문을 열기 전까진 달리 헤아릴 길이 없는 것이다.

어쩌면 저 문을 열어보는 편이 끝없는 바다 가운데를 정처없이 떠도는 것보단 나은 대안인 것처럼 느껴졌다.

고심 끝에 문을 여리라 마음 먹은 사공은 빗장을 내리고, 조심스레 그 안을 들여다 보았다. 이윽고 그 안에서 한 남자의 비명이 흘러 나왔다.

"으아아아악"

사공은 순식간에 벽장 속으로 빨려 들어가고 만다.

.
.

이윽고 어두운 가운데 눈을 든 사공은 믿을 수 없는 자신의 모습에 목이 메여 왔다. 그는 벽장 안이었다.

"살려주세요. 여기 누구 없습니까!"

공허한 자신의 소리만 벽장 안을 뱅그르르 맴돌다 돌아왔다. 아무리 문을 두드려도 벽장 문은 굳건히 닫혀 열리지 않고 있었다. 그것은 마치 크고 단단한 벽처럼 그의 앞을 가로막는 것 같았다

이 때 파도에 휩쓸린 벽장이 크게 한번 휘청이고, 사공은 다시 정신이 들었다. 물에 가라앉지 않는 벽장이라니 이상하질 않은가. 문틈으로 스미는 건 오직 빛과 어둠뿐, 그 외의 것들을 완벽히 차단시키고 있었다. 이 기괴한 현상 안에 그는 온전히 갇히고 만 것이다.

몇 번의 비명을 더 질러 보았지만, 여기에 그를 도울 사람은 자기 자신 말곤 아무도 없었다.

어둠 한가운데 놓인 사공은 눈을 들어 주변을 둘러 보았다. 이 때, 발에 사각 형태의 무언가 묵직하게 자리하는 것을 느꼈다. 웬 책이 한 권 자신의 발 밑에 놓여 있던 것이다.

사공은 곧장 그것을 집어들고, 희미한 문 틈에 기대 표지에 적힌 글자들을 한 자 한 자 읽어 나갔다.

박상화 이야기시집 -제1권 『내 벽장 속의 바다』

다음 장엔 이 책에 관한 안내문 따위가 적혀 있었다.

안 내 문

이 책은, 당신이 원하는 세계와의 교신을
위해 제작되었다.

1. 이 책은 다이어리나, 편지지로 활용될 수
   있다.

2. 글귀들이 놓인 각 장마다 당신이 있을
   날짜와 시간을 적어라.

3. 그곳에 생각나는 사람에게 전하는 메시지
   를 전하라.

4. 해당 내용을 거기 적기만 하는 것으로, 당신은 그것과의 텔레파시가 가능하게 된다.

5. 한 번 이상은 그 내용을 편지로 전하라.

6. 이 책의 마지막까지 해당 과정을 완료하면, 당신을 가둔 벽장은 당신이 원하는 세계로의 진입을 허용한다.

7. 이 책은 그냥 놓인 사물이 아닌, 당신의 역할을 대리하는 수행원이다. 이 대리인에 당신이 원하는 이름을 붙여줘야 한다.

8. 대리인의 이름을 다음 페이지에 명명하여라.

(※주의사항: 해당 페이지에 원하는 이름을 명명하는 순간, 당신은 이 텔레파시의 주인이 된다.)

해당 안내문을 읽은 그는 펜을 집어들고,
페이지를 넘기기 시작했다.

먼저 읽기 편한 눈의 조도를 맞추기 위해
조명을 흑백으로 조정한다.

이 책을 당신의 대리인 '   '(으)로

명 명 합 니 다.

지금부터 텔레파시는 시작된다.

D-180

년   월   일의   에게

행복이란 천사가 그림자만 툭 잘라
세워넣은 무지개의 형체 같아
네가 그려진 그림자마다
자꾸 이상한 빛이 우릴
따라다녀 내가 언젠가 여기
그림자로 남을 걸 알지만 난
이 그림자를 너를 채우겠어

박상화 이야기시집 <그림자 사람> 中

D-179 ★

년   월   일의   에게

붙잡은 하늘마다 거짓된 충성
발 없는 걸음마다 맞이하는 맹세
푸른 별들의 소요하는 동요
거리엔 잊혀져간 사람의 노래

박상화 이야기시집 <**퇴근 후 회식**> 中

★ D-178

년   월   일의   에게

오늘은 어떤 냄새를 뿌리고
오늘의 나를 맞이하러 갈까.
너는 오늘 어떤 색 표정을 짓고
너의 오늘을 색칠해가고 있을까.
이에 나의 고민을 가만 듣던
오늘이 장난스러이 외친다.
미안하지만 그것을 알아보는 방법은
오늘이 끝나야지만 알 수가 있지.

박상화 이야기시집 <오늘의 향수> 中

D-177 ★

년   월   일의   에게

잘 지냈어? 난 잘 지내
11월의 늦깎이 가을야
어젠 종일 비가 퍼부었고
스산한 가을바람이 어제의
오늘을 재촉하고 있어
잘 지내니? 난 잘 지내
난 아직도 그때의 너를 생각해

박상화 이야기시집 <따르릉 따르릉 띠 띠>
中

★ D-176

년   월   일의   에게

아파트 상가 전원주택 주위로
어둠이 흐르고 반전된 등불
비춘다 납덩이 같았던 얼굴

피어오르는 시야엔
검은색 황색 주황색 노랑색 파랑색
실선들이 무지개인 양 하고

좌로 우로 흔들거리는 아침은 밤으로
새벽으로 오후로 회귀하던 시야를 가리우고
난 네가 목 맨 시체 주변을 찾지 않는다
까맣던 밤이 지난다

박상화 이야기시집 <등불> 中

D-175

년   월   일의   에게

난 민심을 풀에 비유하는 시를 싫어해요
그들을 언제든 짓밟아도 될 것처럼 들리거든요
나라면 민심을 아름다운 꽃나무에 비유할래요
그들은 하늘을 향기로 물들이지만
함부로 꺾거나 짓밟을 수 있는
대상이 아니죠

박상화 이야기시집 <꽃나무> 中

Chapter 1.
시간을 거스르는 사람

어두운 가운데 눈을 든 사공은 당황스런 얼굴로 주변을 둘러 본다. 그의 사방데에 달이 굴러 다녔고, 검고 희미한 물실들이 수변을 빛으로 장식하고 있었다. 어둠의 미로를 걸으며 사공은 문 가운데로 나아가고 있다.

시가 적힌 각각의 페이지엔 단 하루의
시간만을 기록할 수 있습니다.

년   월   일의   에게

흑과 백으로 이루어진 사람들이
저마다 무리지어 편을 먹었다 상상해봐
어느 날 고갤 돌렸는데 너와 날
둘러싼 사람들이 검은 색인지 하양인지
조차 구분이 안 갈 정도로 너와
나 사이를 갈라 놓았다고 그냥
상상해 보라니까 그래 근데 꼭 그러한
것도 아닌데 우린 왜 흑백이 되어버렸어

박상화 이야기시집 <흑백논리> 中

D-173

년   월   일의   에게

기억의 저편에서 웃던 사람들
뭉게뭉게 사라져 구름이 되었어요
하늘 가득히 떠오른 얼굴은
그대의 웃는 얼굴이네요
저 구름에서도 이 구름이 보일지
항상 의문이에요

박상화 이야기시집 <구름이 똑똑똑> 中

★ D-172

년   월   일의   에게

달에서 푸직거리는 소리가 났다
깨진 듯한 달이 은쟁반 위에
뱅그르르 굴렀다 우리들의
사방 데에 달이 굴러다녔다
푸르스름한 저녁이 내려오고 있다
소년은 지난밤 해를 찾지 않는다

박상화 이야기시집 <비스킷 달> 中

D-171 ★

　　년　　월　　일의　　　　　　에게

대게 어떤 사람이 좋은 사람일 거란 오해는
어떤 사람이 나쁜 사람일 거란 오해보다
더 지배적이다. 하지만 어떤 사람이
나쁜 사람일 거란 오해의 파급력은
어떤 사람이 좋은 사람일 거란
오해의 파급력보다 더 지배적이다.

박상화 이야기시집 <그는 어떤 사람인가>
中

D-170

년   월   일의   에게

당신에겐 말하지 못한 것이
있어요 지난 시간동안
울던 새와 바람의 쓰임새
흐느끼는 나무마다 우거진
그림자 따뜻한 살갗마다
추운 뼈들 모두 이 시간으로
회귀하기 위함이었단 걸

박상화 이야기시집 <지금 이 순간> 中

D-1 페이지를 펼쳐 당신이 소원하는 바 하나를 적고, 본 페이지로 돌아오시오.

다음 페이지에 나올 시마다 소원에
대한 당신만의 다짐을 쓰시오.

D-169

　년　　　월　　　일의　　　　　　에게

크고 작은 걱정들이 쌓여 머리를 찌르는 듯 해요
앞이 보이질 않고 마음이 마비된 듯 해요
시간이 자꾸 거꾸로만 가요 거기 당신이
축 처져 있는 채로 물기 어린 밤을 내뱉죠
지난 시간을 백만 분으로 나누면 하루의 속도가
좀 느려질까요 이 시간은 너무 빨리 흐르죠
앞으로 12바퀴 더 남았어요 하루 해가 가려면
나는 세상에 없는 것을 그리워하는 사람이 되었고요
매일 태어나는 연습을 하듯 매일 죽어가는 연습을
해요 꼭 죽기 전에야 나는 나를 사랑하기로 해요

박상화 이야기시집 <**연습**> 中

D-168

년   월   일의   에게

나무에 걸려있는 구름

구름에 걸려있는 강

강에 걸려있는 엄마 얼굴

흐려지고 있었다

강이 흐린 건지

엄마가 흐린 건지

알 수 없었다

박상화 이야기시집 <**반사 신경**> 中

D-167

　　　년　　월　　일의　　　　　　　에게

물이 100도씨에서 끓는다고들 해요.

마음이 10도씨부터 끓는다는 걸 사람들은 모르죠.

우린 그저 작은 친절이면 됐죠.

어떤 사람은 마음이 5도씨에서도 끓더라고요.

하지만 그들의 마음이 금방 식는 이유는

당신이 5도씨만큼도 마음을 주지 않아서예요.

5도씨를 유지하는 일이 쉬운 일은 아닌가봐요.

박상화 이야기시집 <5도씨에서 끓는 사람> 中

D-166

년   월   일의   에게

한 번 던져진 무게는
다시 돌이키기 어려워
그 사람과 나와의 격차가
돌이킬 수 없게 되어버린 것도
이미 던져버린 무게에
내가 짓눌렸기 때문은 아니었을까

박상화 이야기시집 <저울질> 中

D-165

　　　년　　월　　일의　　　　　　에게

네모 안에 또 네모가 있어요.
네모의 눈으로 보았기 때문이죠.
동그라미 안에 또 동그라미가 있으면
동그라미로 보이는데 하나라도
네모가 있으면 네모로 보여요.
동그라미도 네모로 보는 사람들 사이에
동그라미가 일그러져 네모가 되었어요.

박상화 이야기시집 <네모가 된 동그라미> 中

D-164

년   월   일의   에게

"엄마, 하늘의 색은 왜 그때 그때 다른 거야?"
"응, 그건 하늘이 계속 물감을 섞고있기 때문이야."

그리고 밤이 되었다. 다음 날, 아이가 물었다.

"엄마, 하늘이 왜 다시 맑은 거야?"
"응, 그건 하늘이 오늘 그릴 그림을 준비해서야."

박상화 이야기시집 <하늘 팔레트> 中

D-163

　　년　　월　　일의　　　　　　에게

꽃잎에 햇볕을 담아 바람에 뿌려줄래요
흔들리는 얼굴마다 해 냄새가 나도록
해가 뭐하냐고 웃으며 물어보면
바람에 흔들리는 우주를 내 얼굴에 담는
중이었다고 말할래요

박상화 이야기시집 <해 냄새> 中

년   월   일의   에게

신기하죠. 눈을 감아도 빛이 보여요.
눈을 떠도 보이지 않는 게 있는 것처럼.
내 마음의 불꽃도 활활 타오르는데
당신이 알아보지 못하는 거예요.
그래도 언젠간 눈을 감아도 타오르는
당신 마음의 불꽃이 내가 되는 날이 올 거예요.

박상화 이야기시집 <불꽃놀이> 中

D-161

　년　　월　　일의　　　　　　　에게

정신 없이 뛰는 사이 우리의 하루는
있었는지도 모르게 사라졌어요
오늘도 이름 모를 불한당의 기사를 읽었고
아침엔 연예인 오모씨의 사생활을 걱정했어요
오후엔 인터넷 맛집 사진을 검색했고
저녁엔 비싼 물가를 걱정하며 햄버거를 물죠
누구를 위해 일하는지 모르겠고
누구를 위해 살아있는지 모르겠어요
안 돼요 다시 알람이 울려요 오늘도
유명인 이모씨의 일과는 이러 이러하대요
그런데 나는 어디 있죠 나는 여기 살아있는
건가요 내가 살아있는지 한번만 알아봐 줄래요
어서 인터넷에 우리의 사진을 올려요
하지만 그림에 걸린 나는 내가 아니죠

박상화 이야기시집 <그림에만 사는 사람> 中

Chapter 2.
우리들의 비애

꿈에서 깬 사공은 벽장 속에 갇힌 자신을 자각하고, 절망한 얼굴로 손에 쥔 펜과 책을 집어 던져버렸다. 이 때, 책에서 이상한 소리가 들려왔다.

"아얏!"

책이 말을 하고 있었다.

"넌 누구냐?"

사공이 질문했다.

"전 당신의 대리인입니다. 저를 이곳에서 꺼내 주세요."

지금부터 매일 그것을 달성하기 위해
해야할 일을 해당 페이지에 적으시오.

D-160

년   월   일의   에게

휘어진 달이 굽은 밤을 잡아 삼키면
밤이 환하게 웃죠 마치 달을 잡아 삼키듯
손톱마다 닳은 침이 밤을 잡아 삼키듯
환하게 웃는 그대 얼굴 달 모서리에 빛나죠

박상화 이야기시집 <달빛> 中

해야할 일

D-159

년   월   일의   에게

내 가치를 값으로 매긴다니
 용서할 수 없는 노릇이다
난 잡종이 아니다
 자기 자신보다 유전자의 힘을 믿는
인간들에게 본때를 보이기 위해
 이곳을 탈출해 나왔다
난 버려진 유전자가 아니다
 내가 버린 유전자다

박상화 이야기시집 <잡종> 中

년   월   일의   에게

요리사: 난 요리로 사람 죽이는 일 해.
가수: 난 노래로 사람 죽이는 일 해.
기자: 난 진실로 사람 죽이는 일 해.
소설가: 난 이야기로 사람 죽이는 일 해.
시인: 난 음악으로 사람 죽이는 일 해.
작곡가: 난 운율로 사람 죽이는 일 해.
갑자기 누군가 벌떡 일어나 한마디 한다.
의사: 난 생명으로 사람 죽이는 일 해.
그 거리에 살아남은 사람은 아무도 없었다.

박상화 이야기시집 <사람 죽이는 일> 中

D-157

  년   월   일의   에게

때론 말이 마음보다 빨리 튀어나오는 때가 있다
그래도 그것을 후회하지 않는다면 그건
옳은 결정이다.

박상화 이야기시집 <**했어야할 말**> 中

D-156

  년   월   일의   에게

미로는 반복돼요 끝이 없죠

끝없는 터널의 앞에 있는 기분이죠

터널은 다시 터널로 연결되고

사람은 다시 사람으로 연결되더라고요

이 기분의 끝에 맞이할 누군가

당신이 원하던 사람이길 바라죠

안 돼요 또 터널이 나와요

박상희 이야기시집 <언제나 마지막인 깃처럼>

中

D-155

　년　　월　　일의　　　　　　에게

가끔 그 무엇으로든 도망치고 싶단 생각이 들어.
하고싶은 일이 해야하는 일이 돼버렸을 때
그렇더라고. 가끔 해야하는 일이 다시 하고싶은
일이 되기 위한 전략을 세울 필요가 있어.
회피를 하지 않기 위한 회피도 나름의 의미가
있지. 때론 좋아하는 것에 대한 책임감보다
좋아하는 것에 대한 마음 자체를 잃어버리는
일이 더 위험하더라고. 우리가 초심을 항상
생각해야 하는 이유는 네가 좋아하는
것들로부터 도망치거나
붙잡혀선 안 되기 때문이야.

박상화 이야기시집 <초심으로의 회피> 中

년   월   일의   에게

하늘에 쓴 편지를 손으로 그리다 말아요
기억하는 것들의 저편엔 푸른 하늘이 그리다 만
바다의 색 멀리 공기처럼 파동처럼 흐르고 있었죠
할아버지 웃는 얼굴로 이제 그만 가보아라

손짓해요

박상화 이야기시집 <하늘 그림자> 中

D-153

　　년　　월　　일의　　　　　　에게

"어떻게 당신은 부정한 권력에 맞서 싸울
생각을 하셨습니까. 그러한 용기는 어디서
나오는 것인지요."
이에 남자는 머리를 긁적이며 말을 이었다.
"부정한 권력에 맞섰다고 하여 두려움을
모르는 것은 아닙니다. 저는 그 어떤 사람보다
겁이 많은 사람입니다. 다만 누군가로부터 듣는
협박보다 부정한 권력이 주는 횡포가 더
두렵다고 느끼기에 거기 맞설 수 있던 것입니다.
알고 보면 저는 겁쟁이 중에 겁쟁이입니다."
이에 질문을 한 사람은 손뼉을 탁 치며 말한다.
"이제보니 겁이 많은 분이시군요. 하지만 사람
들은 그걸 용기 있는 사람이란 말을 합니다."

박상화 이야기시집 <**진짜 겁쟁이**> 中

년　　월　　일의　　　　　　에게

내 맥주 같은 기분은 열정 탓이다
왜냐하면 내 열정 같은 기분이 맥주 탓이기
때문이다

박상화 이야기시집 <알코올 중독자> 中

D-151

　　년　　　월　　　일의　　　　　　에게

좋은 대학을 다니고, 좋은 직장을 다니고,
좋은 사람을 만나고, 집도 몇 채 이상 가져야 하고,
죽도록 살아가야만, 행복할 수 있을 것 같지.
그때까지 너의 행복을 유예하지 마.
불행은 행복을 미루는 데서부터 시작되는 거래.
괜찮아 지금 행복해도 돼.

박상화 이야기시집 <**미루는 일**> 中

Chapter 3.
갇힌 사람들

"이곳에서 어떻게 나갈 수 있지?"

사공이 물었다.

"저를 이곳에서 꺼내주셔야만 나가실 수 있어요."

"널 어떻게 꺼낼 수 있지?"

"이 책의 지침을 위반하지 않고, 따라가시면 돼요."

이에 사공은 크게 한숨을 쉬었다.

"너는 어떻게 여기 갇히게 됐어?"

"당신 때문에요."

디데이의 순서는 뒤바뀌어도 좋습니다.
우리는 그저 우리가 하고자 했던 180일
의 빈칸을 채워 나가면 되는 거예요.

★ D-150

년   월   일의   에게

맛있는 솜사탕 차에 우려 넣어요
어머니가 선물한 어릴 적 막대사탕
과자 한 봉지 백 일날 끓여 마신 미역국
작은 티백에 담아 넣어요 건설 현장에서
일하시는 아버지의 땀과 노여움도
벽돌 가득 어깨에 맨 말이 없던 사람들
그런 것들을 가만히 보고 있노라면
햇볕에 까맣게 얼굴을 태운다는 건
땀과 눈물을 필요로 하는가 봐요
꿈을 담은 풍선이 하늘에 쏟아졌어요

박상화 이야기시집 <아주 작은 것들의 만찬>

中

D-149

년   월   일의   에게

진짜 집순이들은 자신이
집순이임을 인지하지 못한다.
밖으로 나가고는 싶지만
집에는 있고 싶다는
허황된 망상을 통해 자신이 혹
집순이이지는 않을까 잠시
인지만 하고 말 뿐이다.
"나는 집순이가 아니야 나는 잠시
집에만 있고 싶을 뿐이야."

박상화 이야기시집 <나는 집순이가
아니다> 中

D-148

년   월   일의   에게

물이 뜬다
해가 기운다
밤이 울고
달이 걷는다

물에는 많은 계절이
떴다가 또 진다
그 위에
몸이 뜬다

박상화 이야기시집 <파도> 中

D-147

년   월   일의   에게

안녕하세요 나는 신발이에요
오가는 길마다 구르는 돌멩이들을
제가 대신 막아줄게요

안녕하세요 나는 모서리예요
비열한 웃음마다 구르는 동그라미를
제가 대신 찍어줄게요

안녕하세요 나는 당신의 꿈이에요
우리들의 울퉁불퉁한 현실 위를
제가 대신 굴러줄게요

제가 대신
막아줄테니 찍어줄테니 굴러줄테니
나를 잊지 말아요

박상화 이야기시집 <꿈이 하는 말 1> 中

D-146

년   월   일의   에게

보이는 것과 느끼는 것의 차이를
잘 구분할 수 있다면 좋을텐데
그 격차만 멀어져서 잡을 수 없는
꿈만 손에 쥔 기분이야

박상화 이야기시집 <**이상과 현실**> 中

D-145 ★

년   월   일의   에게

특별한 노력 없이도 이루어지는 것들이 있다
그건 당신이 거기 재능이 있거나 운에 재능이 있거나
둘 중 하나이다 만약 재능이라면 그것은 당신에게
날개를 달아줄 것이지만 운이라면 당신을 몰락시킬 수
있다 이들은 동떨어져있는 것 같지만 붙어 있으므로
조심히 다루지 않으면 재능도 운이 된다

박상화 이야기시집 <재능일까 운일까> 中

★ D-144

　　　년　　월　　일의　　　　　에게

난 지구가 둥글기도 하고 평평하기도 한 거라고
생각해 아득히 보이는 저 우주의 입장에서
지구는 구체이겠지만 지금 내 앞에 보이는 지구는
끝이 보이지 않는 아득한 수평일 뿐이라고
만약 지구 안에 사람이 산다면 지구는
끝이 안 보이는 컴컴한 무한대처럼 보일 거야
달이 지구를 회전하는 중이라지만 난 하늘이
달을 따라다니는 중이라고도 말할 거야
나는 달보고 날 따라오지 마라고 말하지만
달도 나보고 따라오지 좀 마라고 말할 거야

박상화 이야기시집 <동행> 中

D-143

년   월   일의   에게

햇볕에 쨍 빛나는 것들이 누군가의
땀에 의해서 굴러다니죠 데굴데굴
글자에 갇힌 채 들어있는 봄이
구름 너머 아버지의 소식을 묻죠

박상화 이야기시집 <**부조금**> 中

D-142

년   월   일의   에게

당신의 아름다운 시간이 나를 흔들어 깨우던
유채꽃밭 얼굴을 묻고 봄의 옷자락을 붙잡습니다
시간을 거스르는 전차가 겨울과 봄을 그냥 지나쳐
따뜻한 여름과 시원한 가을만 컵에 넣어 준 것 같죠
당신은 없고 계절은 겨울인데 나는 봄을 느낍니다

박상화 이야기시집 <**봄, 레몬에이드**> 中

D-141

　　　년　　월　　일의　　　　　　에게

마음에 자꾸 이상한 덩어리들이 생겨나요
당신을 사랑하는 마음이 자꾸 커져서
심장을 아프게 찌르는 덩어리가 되었어요
이 덩어리 때문에 심장이 뻥 뚫려버려도
좋아요

박상화 이야기시집 <**심장에 덩어리**> 中

Chapter 4.
설계자들

"내가 널 여기 가두었다고?"

"사공님이 여기 갇힌 순간 저도 여기 버려진 거나 마찬가지예요."

"어떻게 그런 일이 있을 수 있지? 너도 어떤 책임이 있을 것 아냐?"

"이건 이 벽장을 만들어낸 설계자의 탓이지 나의 탓이 아니에요."

닦달하듯 말하는 사공의 말투에 책은, 이후 아무 말도 하지 않았다.

"어서! 다시 말을 하란 말이야!"

책은 한참동안 아무 말이 없었다.

**다음에 나올 시마다 생각나는 사람들의
이름을 적고, 해야할 말을 적으세요.**
(그 사람은, 자기 자신이 되어도 좋습니다.)

D-140

　　　년　　월　　일의　　　　　　에게

"심각하게 살지 않으려고요. 심각한 뉴스.
심각한 기사. 심각한 방송. 심각한 사람들.
아예 상대하지 않으려고요. 나 사는 것도
심각한데 굳이 불필요하게. 남 사는 얘기
신경쓰고 싶지 않고요. 친구가 억울한 얘기하면
사실 어이없어요. 사람이 긍정적으로 살아야죠.
사실 그 아이의 억울한 일은 그것을 계속 생각하는
그 아이의 책임이 더 큰 것 아닐까요. 심각한 건
싫어요. 재미 없어요. 지루해요. 피해망상 같아요.
나 사는 것도 심각한데 다른 사람 심각한 거.
정말 못 참겠어요. 짜증나게 하지 말아주세요."

그러나 그녀는 알지 못했다 자신을 심각하게 만드는
것은 심각한 것을 심각하게 여기지 않는 것이란 걸.

박상화 이야기시집 <**심각한 인생**> 中

메시지

D-139

년   월   일의   에게

계획은 완벽하지 않을수록 완벽하더라고
인생도 그래 꼭 완벽하게 사는 것만이
완벽한 인생이라고 볼 수 없어
완벽하지 않은 대부분의 시간들에서
조금이라도 완벽했던 한 가지를 찾아나가는 것
그게 쌓여서 완벽한 인생이 되는 거더라고
괜찮아 지금 당장 완벽하지 않아도 돼.

박상화 이야기시집 <완벽한 인생> 中

년   월   일의   에게

별이 휘어지고
구름이 울던
비 내리는 저녁
아이는 강가로 나가
저녁의 어머니를
감상했어요
아무도 아이를
안아주진 못했지만
대지의 신이 그를
감싸고 같이
울어줬죠

박상화 이야기시집 <폭풍의 호숫가> 中

D-137

년   월   일의   에게

여자가 방귀를 뀐다.
남자가 "이게 무슨 소리야!" 화를 낸다.
여자는 지그시 눈을 감으며 말한다.
"공기가 흐르는 소리지."
남자는 멍한 얼굴이 되어 말한다.
"오 방귀가 그리 나쁜 것만은 아니군."
여자는 고개를 끄덕인다.
다시 남자가 방귀를 뀐다.
여자가 "이게 무슨 소리야!" 화를 낸다.
남자가 지그시 하늘을 보며 말한다.
"비가 오려나 보오."

박상화 이야기시집 <**방귀 로맨스**> 中

D-136

　년　　월　　일의　　　　에게

"그럴 줄 알았다"

그럴 줄 몰랐으면서 꼭 그럴 줄 알았다 말하더라
하지만 누구나 그럴 줄 아는 일이어도
그렇지 않도록 만드는 누군가는 필요한 법이지

박상화 이야기시집 <잘못된 기상 예보> 中

D-135

　　년　　월　　일의　　　　　　에게

우리 각자 떨어져 세상에 대한 고민을 하자
넌 저 별똥별을 봐 난 여기 바다 속을 헤아릴게
아니 넌 별똥별을 보라니깐 난 바다를 볼 거라고
그러자 친구 새가 말했다 내가 바다를 보는지
어떻게 알았어 너도 별똥별을 본 거잖아
그러자 친구 새가 부리를 조아리며 말했다
몰라 나도 모르게 너를 보고 말았어

박상화 이야기시집 <새의 대화> 中

D-134

년   월   일의   에게

때론 설명할 수 없음에
더욱 아름다운 것이 있지요
예를 들면 거리의 바람과
어머니와 시와 당신

박상화 이야기시집 <설명할 수 없는 것들>

中

D-133

년   월   일의   에게

이런 저런 걱정을 하느라
아무것도 하지 못하는 베짱이를 보고
아빠 베짱이는 말했다.
"그건 참된 베짱이의 자세라고 할 수 없어."
"왜요? 내일 굶어 죽을지라도 오늘 아무 것도
않는다. 그것이 참된 베짱이의 자세라면서요."
"그렇지. 근데 그 자세엔 너의 걱정도 담겨있어.
아무 생각도 하지마. 아무것도 하지마.
그냥 가만 있어."
아빠 베짱이의 말에 아들 베짱이의
얼굴은 울상이다.
"근데 그게 상당히 어려운 거더라고요."

박상화 이야기시집 <베짱이의 참된 자세> 中

D-132

　년　　월　　일의　　　　　에게

한순간에 다정했던 사이가
영원한 적이 될 수 있어요.
마음에 돌이킬 수 없는 상처를 받았을 때
우린 가슴 시린 말들을 아무렇지 않게
내뱉을 수 있는 사이가 돼요.
서로에게 좋았던 모습만 기억하자던
우리들의 굳은 약속은 영원히 꺼지지 않는
불 위에 놓인 빙산처럼 녹아
모두 증발해버리고 말 거예요.

박상화 이야기시집 <**수증기**> 中

D-131

　년　　월　　일의　　　　　에게

잊고 싶어도 잊히지 않는

이름들이 눈이 되어 쌓입니다

이 눈은 눈으로 만들어진 까닭에

물이 되어 마음에 흐릅니다

박상화 이야기시집 <**봄눈**> 中

Chapter 5.
새로운 역할

"미안하지만 난 여기 글 한 줄도 쓰지 못하겠어."

이에 책도 말한다.

"아무려면 어때요. 사공님이 원하는 구절을 발견하기 전까진, 이 책은 본래의 역할만을 수행할 뿐이죠."

"본래의 역할? 그게 뭔데?"

"시집이요. 사공님이 여기 날짜를 적는 순간, 이 책은 다이어리가 되고, 타인에게 전하는 메시지를 적는 순간, 일종의 편지지의 역할을 대신하는 셈이죠."

"하지만 내가 여기 무슨 말을 할 수 있을지도 잘 모르겠는걸?"

"그렇다면 이렇게 해보는 건 어때요?"

사공님이 반드시 놓치지 않아야할 것이 있다면 그것을 기록해 놓으세요. 그것은 돌이킬 수 없게된 것들이어도 좋습니다.

(당신이, 이 이야기의 주인공이 되어도 좋습니다)

D-130

년   월   일의   에게

때론 누군가의 작은 결함 때문에
그 사람 전체를 증오하기도 한다.
그럼에도 그 행위를 계속하는 이유는
돌이킬 수 없는 것이기 때문이다.

박상화 이야기시집 <돌이킬 수 없는 작은

결함> 中

D-129

　　년　　월　　일의　　　　　　에게

밤이 흐르는 소리에 맞춰
지구가 구르고 있어요
아기가 잠이 든 동안에
잎은 흐르고 별은 찰랑거리며
밝아올 우주의 아침을 준비하죠

박상화 이야기시집 <꿈의 전차> 中

년   월   일의   에게

좋지 않은 말만 하는 사람에겐

좋지 않은 면만 보이고

좋은 말만 하는 사람에겐

좋은 면만 보이기 마련이다

그러니

좋지 않은 말만 하는 사람에게서

좋은 면만 발견하는 것은 기적이고

좋은 말만 하는 사람에게서

좋지 않은 면만 발견하는 것 또한

기적이 아닌가

박상화 이야기시집 <투시의 착시 착시의

투시> 中

D-127

년   월   일의   에게

분홍색을 색칠하면
분홍색이 나올 줄
알았는데
보라색이 나왔어요
당신의 밝음을 까맣게
까맣게 칠하면
검정색이 나올 줄
알았는데
바람이 바다에
빛을 매달아 놓은
것처럼 푸르죠

박상화 이야기시집 <**밤의 색칠**> 中

년   월   일의   에게

광선에 스며든 해를 만지작거리면
그 안에 네가 숨어 있었다
어둠이라고 생각했었던 나의 시간은
내가 생각했던 것보다 더 어둠이었다

박상화 이야기시집 <**취미와 프로 사이**> 中

D-125

년   월   일의   에게

구름마다 흙마다 시선마다
각기 다른 하늘마다 이젠
여기 없는 어머니 어머니마다
얼룩무늬 별떼들 비 냄새를
맡으며 걸어요

박상화 이야기시집 <새벽하늘 은하수> 中

D-124

년   월   일의   에게

집으로 가는 길이 멀다
삼삼오오 걸려진 구름마다
더운 습기만 내뱉을 뿐이다
오후엔 장대비가 쏟아졌지만
뜨거운 아스팔트 공기를
식히긴 역부족이었다
밤마다 도로에 담배연기같은
사람들이 모습을 드러냈다.
그들은 종종 비슷한 모습으로
사라졌다 버려졌다 반복했다
흉기같은 건물마다 복면을
쓴 사람들이 그 낯짝을 드리운다
물론 그가 의도한 얼굴은 아닐 거다
꺼져가는 구름마다 우리의
모습도 가려져 있다

박상화 이야기시집 <스모그 현상> 中

D-123

　년　　월　　일의　　　　　에게

"시작이 반이래. 난 시작조차 못했으니
내 인생은 동떨어진 것이나 다름 없지."

이에 친구가 말을 이었다.

"시작이 반은 될 수 있지만, 끝은 전부야.
시작은 누구나 할 수 있는 것이지만,
그 끝은 아무와 맞닿아 있는 게 아냐.
그것을 알아보는 방법은 지금이라도
시작하는 것 말곤 없지."

박상화 이야기시집 <시작과 끝> 中

D-122

년   월   일의   에게

당신이 저지른 폭력은 참 많은 것을 가능케 했어요
당신에게서 벗어나오니 내 주변은 어디를 가도
천국인 동시에 어디를 가도 지옥이었으니깐요

박상화 이야기시집 <트라우마> 中

D-121

년   월   일의   에게

오존층이 폐를 갉아먹고 있는 게 틀림없어
그게 무슨 소리야?
마음 속에서 빠져나가야 하는데
빠져나가질 않잖아 이 열기가
그게 네 폐랑 무슨 상관인데?
상관있지 왜 없어 난 이것땜에
담배도 끊고 다해봤어
내 폐가 아픈 건 담배 때문이 아냐
이게 다 빌어먹을 오존층 때문이라고

박상화 이야기시집 <폐열증> 中

Chapter 6.
갇힌 이유

"분명한 건 우리들은 어떤 힘에 의해 여기 이끌려 왔단 거예요."

한참동안 말이 없던 책이 다시 이야기를 시작했다.

"이 책의 지침을 따라가다보면 정말 이 지옥 같은 곳에서 내가 나올 수 있을까?"

"달리 방법이 없잖아요."

"너! 내가 여기 갇혔기 때문에 네가 여기 갇혔다고 했지? 그래서 내가 널 여기서 꺼내주면, 나 또한 나갈 수 있다 말하는 거야?"

"예. 주인님이 나가셔야 저도 여기서 나가는 거예요."

"뭐? 내가 언제부터 너의 주인 같은 것이 되었어?"

사공님이 스스로에게 주인이었던 시간이 있었나요? 그 시간들을 여기 기록하세요.

D-120

년   월   일의   에게

우리는 커다란 슬픔에 잠겨 있어요
세상이 당신을 앗아가버렸다는 슬픔
당신이 죽고나서야 당신의 슬픔을 기리는
사람들이 무거운 얼굴들을 옮기죠
그 의식에 섞인 무리의 웃는 얼굴을
시대가 달라졌단 이유로 이해할 순 없죠

박상화 이야기시집 **'추도예배[追悼禮拜]'** 中

D-119

　　　년　　월　　일의　　　　　　　에게

"사막이 아름다운 건 어딘가에 우물을
감추었기 때문이야." 우물이 말했다.
"우물이 아름다운 건 사막 한가운데
놓여져있기 때문이야." 사막이 말했다.

이에, 우물은 모래 근처엔 얼씬도 하지 않았고
사막은 자신의 한가운데 우물도 없애버렸다.

박상화 이야기시집 <사막화 현상> 中

D-118

년   월   일의   에게

너무 멀리 떨어져 있는 사람들은
바로 옆에 붙을 것처럼 그리움의
대상이 되곤 하죠.
마찬가지로 너무 가까이 붙어 있으면
제발 좀 떨어지라며 경계의 눈으로
서로를 바라보기도 하더라고요.

박상화 이야기시집 <가족 같은 관계> 中

D-117

년   월   일의   에게

별은 별대로 지고

달은 달대로 뜨고

해는 해대로 맑던

어느 여름 밤

사랑은 시작됐죠

부뚜막에 매어놓은

달이 하늘 위 떠올랐어요

박상화 이야기시집 <당신 얼굴> 中

D-116

년   월   일의   에게

곰이 그늘에 누워 배를 두드린다
먹은 음식의 가짓수를 세어본다
붕어 한 마리 개구리 두 마리
월계수나무 잎사귀 조개 네 움큼
바람 한 숨에 물 열 모금
불룩 나온 배에 새가 내려 앉는다

박상화 이야기시집 '고복격양(鼓腹擊壤)' 中

D-115

    년   월   일의   에게

세상이 날 내다버린 기분이 들어요.
밖으로 난 창에 매단 하루가 흔들거려요.
당신이 없는 시간이 흐르고 난 또 같은
꿈을 꿨어요. 하염없이 당신을 찾아 헤매는
꿈. 거기에 죽은 당신이 잠깐 스쳐
지나갔고. 꿈에서 깨면 당신은 세상에
없죠. 깊은 터널의 끝을 빠져나오면 거기.
당신이 웃고있을 줄 알았는데.

박상화 이야기시집 <**기상 후**> 中

D-114

년   월   일의   에게

"얌마 너 자꾸 제멋대로 할래?"
"응 난 그냥 내 멋대로 할래"
"개멋 부리고 있네 아무리 그게
네 멋이어도 이런 일이 반복되면 네 인생은
제멋대로가 되고 말거야 조심하라고!"
"그래도 난 그냥 내 멋에 살래
내 멋이 반복되면 멋 있는 인생이 되는 거지
내가 제멋대로가 되는 건 아닌 것 같아"

박상화 이야기시집 <개멋 제멋 내멋> 中

D-113

년   월   일의   에게

집으로 가는 길마다 오렌지색과
하늘색 물감을 뿌려줘요
다시 당신에게 돌아오는 길을 찾아
오도록 길마다 표시해 두는 거에요

박상화 이야기시집 <이정표> 中

D-112

년   월   일의   에게

엄마 벽이 있어

무슨 벽?

난 그냥 평상시처럼

눈을 떴는데

벽이 있어

눈물 흘리는 아들의

손을 잡고 엄만 말한다

그렇다면

너도 이제

어른이구나

박상화 이야기시집 <어른의 벽> 中

D-111

　　년　　　월　　　일의　　　　　　에게

어떤 사람을 선택한 적도 없으면서 그 사람에 실망했다고 말하는 경우가 있다. 투표를 하지 않아 벌어지는 가장 큰 참사는 그 사람이 실패했을 때 실망을 할 권한마저 맘대로 못 누린다는 점이다.

박상화 이야기시집 <실망을 할 권한> 中

Chapter 7.
책의 주인

"이 책의 빈 칸에 이름을 명명하는 순간, 당신은 저의 주인이 되었어요."

"난 누군가의 주인이고 싶지 않아. 이곳에서 날 탈출하게 해줄 사람이나 좀 찾아줘."

이에 책은 안타까운 투로 말했다.

"미안하지만, 주인님이 여기서 탈출 하느냐, 아니냐는 주인님과 저 외엔 아무도 관심을 갖지 않아요."

"뭐? 그래도 날 여기에 가둔 누군가는 관심이 있을 거 아냐!"

"아뇨 주인님. 이곳에 갇힌 자들만 주인님의 안부를 궁금해할 뿐이죠."

당신이 갇힌 세계는 당신을 행복하게 했나요? 아니라면 그곳에서 나오세요.

D-110

년   월   일의   에게

구름이 머물다 간 들판에
아버지, 어머니, 그 아무도 아니던
사람들이 쏟아집니다 우리의 현재는
가냘픈 그림 안에 가로놓여 있어요
구름은 저마다 희미한 운석을 남기고
깊은 바다 위를 보란 듯이 헤엄칩니다

박상화 이야기시집 <비행 운석> 中

D-109

년   월   일의   에게

무식한 사람이 용감할 때
선한 사람이라도 무지할 때
인간은 악행을 저지른다 하지만
악한 사람이 지혜를 갖췄을 때만큼
무서운 경우는 없다

박상화 이야기시집 <3인의 악인> 中

         년   월   일의   에게

반지에는 많은 사람들의
흔적이 남았다 가요
귀금속을 세공하는 사람과
그것을 내리쳤을 광산 노동자
모양을 그리고 닦고 그리고 또 그리고
닦고 그렸을 설계업자 광고업자
그리고 가격을 흥정하는 사람들
하지만 최종 주인은 반지에 대해
돈을 지불한 사람의 몫이 아닌
반지에 대해 의미를 지불한 사람의 몫이죠

박상화 이야기시집 <반지의 제왕> 中

D-107

　　년　　월　　일의　　　　　에게

길마다 무지개가 당신의
눈가에 그림자를 남겨요
그것이 자라서 우리들의
아름다운 주름살이 되었어요
빨주노초파남보 당신은
맑은 바다의 하늘색 해요
난 해 빨간 분홍색 할게요

박상화 이야기시집 <주름의 색> 中

년   월   일의   에게

바람이 먼 듯한 하늘에 별이 빛나고
밤에 일으켜진 시간은 묽게 되어버린 것과
묽지 않은 것으로 나뉘어 갔죠 별이 떨어져요
흔들리는 낮과 밤에 세로로 흐르던 것들이
가로로 지나가요 눈물 행진곡을 부르며

박상화 이야기시집 <별, 바람, 꼬리> 中

D-105

　　년　　월　　일의　　　　　　에게

대부분 어떤 사람이 저지른 잘못보다는
어떤 사람이 저지른 잘못에 대한 태도가
사람을 더 상처 입히기 마련이다.

박상화 이야기시집 <두 번째 상처> 中

D-104

년   월   일의   에게

기억의 지난 시간 위로 안개와 같은
무더위가 내 기억을 태워요.
빛바랜 여름 위로 채울 수 없거나
있거나 그 어느 것도 아니던 감정들을
몽땅 집어 넣고 깨끗하게 빨아요.
햇볕에 잘 말려진 기분들은 어제의
내가 되어서 오늘의 미소가 되어서
내일의 눈물이 되어서 잘 걸어다닐 테죠.
거기서 어떠한 감정을 붙잡고 호소해야
하는가는 물론 내 몫이죠.

박상화 이야기시집 <헌팅> 中

D-103

년   월   일의   에게

난 나다운 것을 만들어내지 못할 거란
생각을 했어 나와 내 주변으로 인한 것들은
모두 너의 영향이 컸어 난 자라나지 못하는
생물이야 네가 매일 물을 주지 않으면
난 말라 죽고 말거야

박상화 이야기시집 <꿈이 하는 말 2> 中

D-102

년   월   일의   에게

모든 것을 빨아요
빨강색 눈물 검정색 어제
오늘의 후회 내일의 불안
당신과 함께했던 지난 날들도
모조리 빨아서 없앨 거예요
쨍그랑 딸랑 쨍그랑 덜컹
쨍그랑 사랑 쨍그랑 안녕

박상화 이야기시집 <세탁소 사람들> 中

D-101

　　년　　월　　일의　　　　　에게

사람들은 감쪽같이 자신을 숨길 수가 있지.
그리고 그 가면이 지속되면 그 가면을 자신이라
생각하기도 해. 하지만 우리들의 본질은
감추어져 있을 뿐 언제 터질 지 모르는
시한폭탄처럼 위태해 있는 상태에 있어.
어제의 마더 테레사가 오늘은 너의 목을
조르는 궁리만 하는 거지. 하지만 우리의
가면이 본질에 더 가까울수록 네가 얻은 폭탄의
무게가 더 가벼울 수 있단 사실을 잊지마.

박상화 이야기시집 <포커페이스의 무게> 中

Chapter 8.
텔레파시집

"내가 널 여기서 어떻게 꺼낼 수 있을까? 그것부터 천천히 말해봐."

"모르겠어요. 저는 그저 주인님을 대리하는 역할만 수행할 뿐이죠."

그런 책의 말이 못마땅하다는 듯, 사공은 말을 이었다.

"내가 이 책의 지침을 따라간다 해도, 아무도 알아주지 않아. 여기 갇힌 건 너와 나뿐이니까. 결국 혼잣말이나 다름 없을 거야."

이에 책은 놀라운 듯, 말했다.

"주인님, 이 책은 외부와의 텔레파시가 가능하도록 설계돼 있어요. 저의 표식은 곧 주인님의 표식이 되기도 해요."

당신이 세상에 남기고 싶은 당신의
마지막 모습은 어떠한 것인가요?

D-100

년   월   일의   에게

꿈의 조각들이 모여 깊은 바다에
행성을 남기나봐요.
난 당신이 반짝인다고 생각했는데 당신은 내가
별이라고 하시니 할 말이 없어요.

박상화 이야기시집 <**바다의 외침**> 中

D-99

　　년　　월　　일의　　　　　　에게

그 시절의 우리가 그리워지는
때가 있죠 그때의 당신은
지금의 당신과 다른 당신이지만
문을 열고 나오면 거기
손을 흔들며 서있을 것 같죠
내가 그때의 당신을 기억하는
것은 지금의 당신에게서 그때의
당신을 찾을 수 없기 때문이에요

박상화 이야기시집 <초심이 하는 말> 中

D-98

년   월   일의   에게

구름에 떠오른 얼굴들이

하나 둘씩 멀어져가요

바람을 타고 멀리 멀리

다시 올 것처럼

온화한 미소를 지으며

박상화 이야기시집 <떠나간 사람들>

中

D-97

　년　　　월　　　일의　　　　　　에게

과일이라고 모두가 신 맛만 나는 건 아니잖아
어떤 건 달고, 어떤 건 톡 쏘고,
단 맛도 다 같은 단 맛도 아니고,
신 맛도 다 같은 신 맛도 아닌 거잖아
그런데 넌 왜 나한테 과일이라는 이유로
꽃을 피우라 마라 강요하는 건데!

박상화 이야기시집 <무화과도 과일이다> 中

D-96

　년　　　월　　　일의　　　　　　에게

그림자에 색을 칠하니
당신이 되었어요 안 돼요
나는 검정색을 칠해서
그림자를 할 거란 말이에요

박상화 이야기시집 <달 그림자> 中

D-95

년   월   일의   에게

눈이 스르르 감겨오는 겨울
눈밭에 밤이 내리고
밤은 멀어져가는 사람의 빛을
기억에 담습니다 아스라이 먼 별처럼
깊은 바다엔 고래가 헤엄치고
부러져가는 영혼마다 스미는 꿈
그 꿈마다 찍힌 발자국을 따라갑니다

박상화 이야기시집 <눈 발자국> 中

D-94

년   월   일의   에게

브라질에 있는 나비의 날갯짓이 미국 텍사스에
토네이도를 발생시킬 수도 있다. 그리고
그것은 다시 나비들의 날개짓에 영향을 준다.

박상화 이야기시집 <**나비의 탄생**> 中

D-93

년   월   일의   에게

가끔 우리의 어둠이
꼭 어둠일 필요는 없죠
지나는 길마다 선마다
면마다 구름마다
노란 해를 한 점 그려 넣어요
내 주변이 어둠이어도
나 자신이 어둠이어도
나아갈 방향이 있으니
당신이 꼭
어둠인 것만은 아니예요

박상화 이야기시집 <꿈이 하는 말 3> 中

년   월   일의   에게

비웃고 있었다 그는.
자신같지 않은 자신을 자신이라
칭하며 자신이 설계해낸
가상의 굴레 안에 숨었다. 농간하듯.
그는 그가 조롱하는 사람이 자기
자신임을 알지 못했다. 화면 속에
웃는 나의 아바타에 누군가의 검은
얼굴이 잠깐 비쳤다 지나간다.

박상화 이야기시집 <로딩중입니다> 中

D-91

　　　년　　월　　일의　　　　　　　에게

밤은 작은 우물에 갇혀 있어요
깨는 밤은 지난 바람을 서러이 읊조리고
늘어나는 아침은 지난 밤까지 달이
구름을 몰고온 탓이죠 하얀 달

박상화 이야기시집 <하얀 저녁> 中

Chapter 9.
탈출

"외부와의 텔레파시가 가능하다니 그게 무슨 소리야?"

"우리가 여기 적고 써내려가는 이야기들은 모두 외부와의 단절을 통해 형성된 것이지만, 그것이 우리가 원하는 세계로의 진입을 허용하게 해요. 안내문에도 나와 있죠."

"우리? 인제부터 너와 내가 우리였지?"

"사실 주인님이 여기 갇힌 순간부터 저와 주인님의 목적은 같은 것이 됐어요."

"그게 뭔데!"

"우리가 갇힌 세계로부터 탈출하는 것. 벌써 그것을 잊어선 안 돼요, 주인님!"

당신의 탈출을 도울 사람의 이름들을 적고, 그들에게 전하는 말을 쓰세요.

년   월   일의   에게

어두운 저녁 남자가 여자 뒤를 따른다
골목마다 층층이 어둠이 부서져 나왔다
별이 뜨지 않는 밤 달가로등만 길목을 비춘다
남자는 기이한 얼굴로 어딘가 전화를 한다
바깥에 별이 서성이는 소리가 들린다
여자는 어둠 속에 몸을 웅크린다

박상화 이야기시집 <목격자> 中

D-89

년   월   일의   에게

기억 한 켠에 소각됐던 여름이
이 슬픔을 모두 집어치울 예정이에요
집마다 별로 된 것들이 무너졌고
천둥을 동반한 번개가 내렸지요
비처럼 눈처럼 물처럼 누군가의
고함처럼 숨은 안개 안으로
웅크린 시간이 스미는 밤이네요

박상화 이야기시집 <웅크린 사람들> 中

D-88

년   월   일의   에게

해가 머무는 하늘에 달이 차오르려나 봐요
오늘따라 라떼에 머문 하늘이 맑다고 느껴졌어요
제발요 이 조명장치를 끄지 마요

박상화 이야기시집 <해의 외침 1> 中

메시지

D-87

년   월   일의   에게

곰이 배를 두드리며 말했다
뭐 하려고 하면 안 되고
뭐 안 하려고 하면 또 되더라
그래서 생각했어
뭐 하려고는 해도
뭐 안 하고 살아야겠다
그게 뭔 소리야
먹던 마늘을 집어던지고
호랑이가 화를 냈다

박상화 이야기시집 <곰과 호랑이> 中

년   월   일의   에게

하늘에 먼 듯한 달빛이 흐르고
해가 머무는 길마다 넘실대는 그리움으로
가득했어요 난 당신을 안은 무덤을 찾지 않으리라
다짐했어요 이 길마다 선마다 점마다 살아숨쉬는
당신인데 무덤을 찾아 무엇 하겠어요

박상화 이야기시집 <산행> 中

D-85

년   월   일의   에게

누군가를 사랑하는 이유로 당신은 세상에서
가장 행복한 사람이 될 수도 있지만 세상에서
가장 불행한 사람이 될 수도 있다.
그러한 모험은 마치 주사위 던지는 일과 같다.
주사위에서 1이 나올지 6이 나올지는 모르지만
그것은 던지기 위해 만들어졌기 때문이다.

박상화 이야기시집 <주사위 던지기> 中

D-84

년   월   일의   에게

나무가 하늘에 발을 담그고 있었다
그 모습을 본 새가 참지 못하고 나무를 흔든다
바람은 발마다 놓인 가지 근처를 서성이지만
나무는 아랑곳 않고 발만 흔들 뿐이다

박상화 이야기시집 < 그늘 아래 > 中

D-83

　　년　　월　　일의　　　　　에게

난 내 무의식을 존중해 그것 또한
내 의식에서 비롯되었으니.
난 내 의식을 존중하지 않아 그건
내 무의식에서 비롯되지 않았으니.

박상화 이야기시집 <무의식을 의식하다> 中

년   월   일의   에게

**가끔 뭔가 대단한 일을 해내야 할 것만 같은
생각이 들어 그래서 사실 시작조차 하지 못하겠어
그러니 너의 지금은 아무것도 아닌 지금이 아냐
뭔가 대단한 일이 일어나기 전의 지금이야**

박상화 이야기시집 <사두용미> 中

D-81

년   월   일의   에게

물이 접히기도 해요 옷이 흐르기도 하는 것처럼
바람은 참 많은 일을 해요 전신주를 부식시키고
흐르는 전선마다 구름을 걸어놓고는 하죠 밤새
바람은 지붕마다 모래성을 쌓았어요 이 모습이
마냥 아름답게 보이지만은 않죠 아침이 되면
얼굴을 장막으로 가린 사람들이 거리마다
햇볕처럼 쏟아 나왔어요 바람이 내몬 사람들이
내 아이의 얼굴인지 내 아버지의 얼굴인지
내 어머니의 얼굴인지 내 친구의 얼굴인지 잘
알아보진 못했죠 좋아하는 바람을 이젠 싫어
하게된 사람들 이지만 언젠가 이 바람을 다시
찾을 걸 알죠 흐르는 모래마다 바람은 마치
오래된 유물처럼 내 아버지 내 어머니의 유골을
흩뿌릴 테니깐요

박상화 이야기시집 <모래성> 中

Chapter 10.
눈물 젖은 꿈

"우리의 꿈은 우리의 목표를 잊게 하죠."

웬 여인이 울먹거리듯 말했다.

"그게... 무슨 말이죠?"

되묻는 순간, 사공은 꿈에서 깨고, 그는 곧 기묘한 기분에 사로 잡힌다.

"우리의 꿈이 우리의 목표를 잊게하는 것이 될 수 있을까?"

잠에서 깬, 사공의 갑작스런 질문에 책은 모퉁이를 기울이며 고개를 갸우뚱한다.

"너무 원대한 꿈이거나, 너무 눈물 젖은 꿈이라면... 가능하겠죠."

당신의 꿈에 당신의 목표를 잊어야했던
순간이 있나요? 있다면 기록해보세요.

D-80

년   월   일의   에게

희고 검은 것으로 이루어진 새벽이
새파랗게 타오르던 여름이었어요.
별의 온도는 뜨겁고 바다의 공기는 차갑던 날
우리는 서로를 따뜻하게 감싸 안았고
누가 먼저랄 것도 없이 동시에 꿈에서 깼죠.
다른 세상에 있는 듯한 알람 경종이
현실을 알리고 눈을 뜨면 당신이 있던
그곳이 다른 세상임을 새삼 확인하죠.
잘 지내나요? 난 잘 지내요. 거긴 따뜻해요?
여긴 아직도 밤 바람이 차요. 난 아직도
그때를 생각해요. 당신 없는 하늘에 파랗게
타오르는 별이 꿈처럼 흩뜨려지고 있죠.

박상화 이야기시집 <**당신 생각 1**> 中

D-79

　　년　　월　　일의　　　　　에게

정말 멋졌던 건 그날의 우리 풍경이야
넌 마침 아는 듯한 표정으로
내게 키스를 퍼부었고 빛은 따뜻하게
우릴 감싸 안았어 멀리 해변에 꽃구름이
피어오르고 우린 입술을 떼고
그 구름이 피던 풍경을 서로 바라봤지

박상화 이야기시집 <너의 눈동자> 中

년   월   일의   에게

빗길에 맑은 공기가 터져 나왔어요.
해를 머금은 먼지가 비에 씻겨 내려가고
거기엔 사람들의 눈물도 내리고 있었죠.
하지만 괜찮아요. 맑은 공기를 쉬어요.
그리고 와줘서 고마워요.

박상화 이야기시집 <**나의 장례식**> 中

D-77

　　년　　월　　일의　　　　　　에게

유난히 맑았던 티없이 맑은 하늘은
누군가의 물 속이 다 들여다 보일까 두려웠어

박상화 이야기시집 <갈비뼈 비대칭> 中

D-76

년   월   일의   에게

별빛이 너무 밝아서

선글라스를 썼어

그랬더니 밤도 가까워버려서

네 얼굴도 안 보이는 거 있지

네 얼굴을 보려고

선글라스를 벗었어

그랬더니 내가

눈물이 날 것 같은 건

내 눈이 너에게로

멀어버렸기 때문일까

박상화 이야기시집 <한밤중의 선글라스> 中

D-75

　　년　　　월　　　일의　　　　　　　에게

시간의 끝에 커다란 수레바퀴 괴물이
나와 당신을 벌 주기 위해 서있어요
맞물려 돌아가야할 원이 구르지 못하고
제자리만 뱅그르르 도는 건 누군가의
시간이 더럽혀졌기 때문이었어요 아이는
비명을 지르고 어른은 집을 뛰쳐 나왔죠
용서할 수 없는 시간들이 거리 위 이지러졌지만
그것을 알아보는 이는 오직 시간뿐이었어요
어둠의 마차가 삐그덕거리고 커다란 수레바퀴
괴물이 상처 받았던 아이를 얼른 집어 삼켜요

박상화 이야기시집 <수레바퀴 괴물 아래서> 中

년   월   일의   에게

D-74

지난 밤 꿈에 네가 나왔어
곧 올 것처럼 해맑은 미소를 짓고
도로마다 쏟아지던 여름, 수영장 냄새,
바다 그리고 겨울 키스

박상화 이야기시집 <스물 스물하나> 中

D-73

　　　년　　월　　일의　　　　　　　에게

먼 하늘에 흐르는 그대가 어느 날
내 모습이 되어있다고 상상해 봤어요
꿈이 우릴 비껴가는 날에 그런 날에
당신이 나를 안고 울어줘서 그래도
괜찮은 날이라고 상상해 봤어요
그대를 잃은 날에 . .

박상화 이야기시집 <젊은 날의 어떤 초상 1>

中

D-72

　년　　　월　　　일의　　　　　　에게

오후에 비가 내리면
창문에 앉은 가을마다
뜨거운 레몬티를 잔에 올려둬요
추위에 젖은 하늘이라도
달콤한 수증기로 감싸 안으면
찬 하늘도 따뜻하게 흐를테죠

박상화 이야기시집 <레몬티 하늘> 中

D-71

　　　년　　월　　일의　　　　　에게

멍 때리다가 아침이 와버렸어

난 또 멍 때리다가 저녁이 올 걸 알았지

네가 들어오기 10분 전쯤이었을 거야

바삐 흐르던 시간이 조용히 흘렀고

소란하던 마음도 정지한 듯 느려졌었어

난 이게 웬 일인가 했었는데

문을 열고 네가 나왔어

박상화 이야기시집 <너를 만나기로한 오후>

中

Chapter 11.
다른 사람들

"벌써 지쳐버린 기분야. 이 벽장에서 나가야할 필요조차 못 느끼겠어 이젠."

"하지만 전 주인님이 갇힌 세계로부터 탈출하기 위해 있는 존재인걸요?"

사공은 한참 말이 없었다.

"모르잖아요. 누군가의 꿈 속에서 우린 꽤 괜찮은 사람일지도……."

책이 위로하듯 사공에게 얘기했다.

"난 차라리 꿈이라도 깨고 싶지 않은 꿈을 꾸고 싶어. 하지만 여긴 너와 나, 단 둘뿐야! 아무도 없어!"

사공은 좌절했다. 책이 말한다.

"아마… 아닐 걸요?"

사공은 매우 놀란 듯한 표정이다.

"너와 나 외에, 여기 누가 있지?"

비현실적이라 생각했던 일을 현실로 만들었던 기억이 있나요? 아주 작은 일들이라도 좋습니다. 그것들을 기록하세요.

D-70

년   월   일의   에게

**"난 너에게 예쁜 그림이고 싶어
있었다 사라지는 잠깐의 추억이라 해도"**

눈물을 흘리며 그가 말했다.

박상화 시소설집 <그와 그녀의 산책> 中

D-69

년   월   일의   에게

생각했던 것들은 희미해지고
어느새 밤은 가까워오고 있어
지난 밤 우리가 꿈꾸던 사람들은
이 시간을 꿈꿔왔던 게 아닐까
우리가 꿈을 꾸는 줄 알았더니
꿈이 우리를 꾸고 있었던 거야

박상화 이야기시집 <꿈의 역전현상> 中

D-68

년   월   일의   에게

누군가 자신에 대한 열등감을 표출하는 것만큼 불쾌한 경우는 없다. 때론 열등감을 표출하는 것만으로 남들보다 우위에 설 수 있다 착각하는 사람들이 있기 때문이다. 하지만 열등감을 더 표출한다고 해서 당신의 기회가 더 보장되는 건 아니다.

박상화 이야기시집 <열등감의 이유> 中

D-67

　년　　월　　일의　　　　　　에게

당신은 좋은 부모를 가지지 않았을 수 있다.
태어났다는 이유로 불행했을 수 있다.
남 모르는 슬픔을 가지고 있을 수 있다.
일상의 행복조차 누리지 못했을 수 있다.
잊을 수 없는 우울감에 피폐했을 수 있다.
하지만 바꿀 수 있다. 지금 살아있다면.

행복할 수 있다.

박상화 이야기시집 <초속 5밀리미터> 中

D-66

년   월   일의   에게

내 머리에 뿔이 있어요

마음이 다 자라지 못해서

뿔이 대신 길어졌어요

엄마, 오빠, 아버지, 할머니

모두 볼 수 없게 되었으니깐

뿔이 대신 하늘나라로 가려나봐요

안 돼요 내 뿔을 베 가지 마세요

박상화 이야기시집 '성묘[省墓]' 中

D-65

년   월   일의   에게

분노는 새로움을 가능케 하는 중요한 에너지
원이다 분노를 절대 자신의 감정을 낭비하는 데
쓰지 않아야 한다 분노는 세상을 변화시키고
재능을 갈고 닦는 데 쓸 때 가장 빛난다

박상화 이야기시집 <분노는 나의 힘> 中

D-64

년   월   일의   에게

우리들의 마음 깊은 공간에는
말로 전하지 못하는 것들이 있죠
어제 흘린 시간이 담지 못한 오늘
그때 어쩌면 그랬으면 좋았을 것들
마음 구석에 핀 할머니의 울음소리
어제 웃던 소녀가 흘리고간 눈물
다만 소녀는 우물 속에 핀 변한
자신의 얼굴을 믿을 수 없을 뿐이죠

박상화 이야기시집 <거울 공간> 中

D-63

    년   월   일의   에게

누군가의 거울 안에 들어가고픈 마음이에요.
반대로 웃고, 반대로 울고, 뭐든 반대로
생활하다 보면 뻔한 일상이라도 색다른 마음
을 추구할 수 있잖아요. 때론 당연한 것이
뻔한 것이 아니라 소중한 것임을 알아보는 눈
도 필요하잖아요. 그러니 오늘 하루 잠시만
반대로 살아보는 건 어떨까요.

박상화 이야기시집 <**반사경**> 中

년   월   일의   에게

고인이 되신 사람 중에는
환하게 웃는 모양을 한 사람이 있고
슬픔에 사무친 표정의 사람이 있고
고통스러워하는 얼굴의 사람이 있고
잔잔한 미소를 띄우는 사람이 있었는데
그 중에서도 공포에 떠는 얼굴의
사람이 문제였다. 왜냐하면 그들은
가족과 함께였기 때문이다.

박상화 이야기시집 <고인의 실태조사> 中

D-61

년   월   일의   에게

난 그렇게 생각하지 않아요
비가 순간을 녹인다고
영원이 지금을 지배한다고
우리들의 아름다웠던 순간은
굳이 영원을 약속하지 않아도
지금을 기억할 거라고 믿어요

박상화 이야기시집 <순간의 영원함> 中

Chapter 12.
여름의 끝

별이 타버린 거리는 온통 무거운 숨으로 가득했다. 칼 끝마다 걸린 초록의 봄이 사공의 노력을 비웃는 듯 흘렀다.

무더운 바다는 별의 거리를 망각하고, 다 타버린 수증기처럼 그 여름의 끝을 달리고 있었다. 초록의 꿈이 흔들리고 있다.

이윽고 잠에서 깨어난 사공이 울 듯이 말한다.

"너를 기억해 냈어."

당신은, 당신을 향해 흘렸던 누군가의
눈물을 목격한 사실이 있나요?

(있다면, 기록해 보세요.)

D-60

년   월   일의   에게

아무도 없는 밤길을 택시가 종횡무진 달린다
거리에 여자 하나 팔을 허공중에 흔든다
손님이 타고 택시 운전사는 말이 없다
길게 늘어뜨린 머리, 창백한 얼굴의 여자는
자신을 왔던 곳으로 데려다 달라고 했다
파랗게 질린 택시 운전사의 두 눈이 세 개가 되고
네 개가 된다 여자는 질겁한 표정으로 꿈을 꾼다
대가로 그는 그녀에게 가장 빛나는 기억을 요구했고
여자는 한참 뒤에야 목적지에 다다를 수 있었다

박상화 이야기시집 <**유령 택시**> 中

D-59

　년　　월　　일의　　　　　에게

좋은 친구가 아무리 많아도
외로울 수 있어요 자기가
자신을 응원할 수 없으면.
마찬가지로 혼자 다니는 걸 부끄러이
여기지 않는 사람은 스스로가
스스로의 친구일 수 있는 사람이죠.
친구가 많든 적든 내가 나의 편이면
외로울 수가 없어요. 친구의 숫자가
행복과 비례한다 여기는 사람이
사실 외로울 가능성이 많은 거죠.
난 혼자여서 좋아요. 그러니 제발
혼자 다니다니 참 불쌍하다 라는
자신은 그럴 수 없는 것에 대한
푸념을 동정인 듯 내뱉지 말아주세요.

박상화 이야기시집 <혼자 다니는 이유> 中

년   월   일의   에게

아니 내가 그런 것을 원한 것은 아니었어.
넌 이 모든 게 나 때문이었다는 말을 해.
난 너만 아는 네 생각에 지쳤다는 말을 해.
넌 아직도 어디서부터 잘못된 건지 모르겠어?
난 너 앞에서 자연스러울 수 없어 웃을 수 없어.
더 이상 우리는 함께여서 행복할 수가 없어.
그래 내가 널 버릴게. 웃으면서 널 버릴게.

박상화 이야기시집 <그래, 다음에 또 보자> 中

D-57

　　　년　　월　　일의　　　　　　에게

동화라고 생각했어요 당신이

있는 하늘이 우리들의 목마름은

작은 것과 작지 않은 것으로 나눠

졌어요 하지만 이 심장 소리가

음악 같다는 생각은 하죠

박상화 이야기시집 <16BPM 하늘> 中

D-56

년   월   일의   에게

좋아해서 잘하는 거에요?
잘해서 좋아하는 거에요?
그가 물었다
잘해서 좋아하게 된 거고
좋아해서 잘하게 되다보니
잘해서 좋아하게 되고
좋아해서 잘하게 된 거에요
라고 그녀가 대답했다
음악이 흘렀다

박상화 이야기시집 <돌림노래> 中

D-55

년   월   일의   에게

가끔 이 모든 게 역설 같아요.
우리가 같은 길을 걷고, 같은 방향을
바라보고, 같은 세상에 함께 해왔다는 게.
아마 신이 우리를 질투했나봐요.
당신을 하늘나라로 데려가버렸죠.
난 신이 잘못된 일도 저지른다고 봐요.
나는 당신이 있어야만 말이 되는 사람인데.
당신이 없으니 진짜 역설이 되어버렸죠.

박상화 이야기시집 <**역설이 된 사람**> 中

년   월   일의   에게

모르는 번호로 전화가 왔다 건너편에선
익숙한 목소리가 살려달라는 말을 했다
남자는 여자에게 어디냐는 말을 했다
여자는 남자에게 지옥이라는 말을 했다

해마다 모르는 번호로 전화가 울린다
그 중 대다수는 잘못 걸렸거나
잘못 걸린 척 하는 것이거나 의도된 전화였다
하지만 일부는 그것을 장난전화라고 말한다

박상화 이야기시집 <장난 전화> 中

D-53

   년   월   일의   에게

먼 하늘마다 불이 발갛게 타올랐어요.
그때 지나쳤던 그 길마다 웃던.
우리들의 청춘과 한적했던 거리 냄새.
쏟아져 나오던 우리의 꿈이. 아직 여기
있는 걸 알죠. 불이 타오르는 지점마다 그때의
우리가 폴라로이드 속 장면처럼 흔들렸어요.
매연 같던 풍경들도 점점 선명해 가죠.
흔들릴수록 선명해가는 당신을 눈에 담는다는 건
저 하늘에게도 축복일 거예요. 다시 별이 반짝
흐르고, 타오르는 불이 이 화면을 담아요.

박상화 이야기시집 <카메라 후레쉬> 中

D-52

　　　　년　　월　　일의　　　　　　에게

그는 그게 이것이냐 물었고
그녀는 이게 그것이냐 물었는데
개는 또 개라고 짖었고
달은 또 달이라며 굴렀다

박상화 이야기시집 <그 개 달> 中

D-51

　　년　　월　　일의　　　　　에게

빛이 머무는 창에
눈물로 된 것들을 뿌려요
채석장에 뒹구는 들판과
바람을 흔드는 교회 종소리
빛이 부러지듯 흘러나왔고
우린 다음 장면을 향해 걸어갔죠

박상화 이야기시집 <롱테이크 씬> 中

Chapter 13.
눈물의 무게

사공은 무언가에 너끈히 취한 듯한 얼굴이었다.

"이 바다는 왜 끝이 없는 거지?

"그야, 주인님을 여기 있게 하기 위해 누군가 흘린 눈물의 무게만큼이니까요."

책의 대답에 사공은 한동안 말이 없어졌다.

"이 텔레파시 뒤엔 대체 누가 있지? 그것을 말해줘."

책은 매우 놀란 듯한 반응이었다.

"당연히 주인님이 지켜왔던 것들과 지켜야할 사람들이죠."

하지만 사공은 가늠할 수 없다는 얼굴이 되었다.

당신이 지켜내야할 사람의 모습엔 어떠한 것들이 있나요? 그것을 기록하세요.

★ D-50

년   월   일의   에게

동그라미와 네모가 만났는데

동그라미인 자식이 나왔어

네모는 당황했지만

동그라미는 그러려니 했어

세모와 네모가 만났는데

이번엔 세모인 자식이 나왔어

네모는 당황했지만

세모는 그러려니 했지

어느 날 세모와 동그라미가 만났는데

네모인 자식이 나온 거야

세모와 동그라미는 당황했지만

네모는 그러려니 했지

박상화 이야기시집 <네모의 기적> 中

D-49

　　년　　월　　일의　　　　　　에게

달이 바뀌는 지점에

해를 끌어다가

바다에 넣어요

그럼 다시

하루가 시작되죠

박상화 이야기시집 <**반사작용**> 中

　　　　　년　　월　　일의　　　　에게　　　**D-48**

미래의 내가 과거의 내가 될 수 있다면
미래의 내가 좀 달라질 수 있을까
빈 마음도 푸른 하늘과 같았다면
넌 더 행복했을까 우린 좀 달라졌을까
그때의 넌 지금의 날 사랑했을까
고장난 캠코더에서 울리는 소리가 났다
화면이 움직이고 사람이 나왔는데
그 사람은 과거의 내가 아닌 미래의 나였다

박상화 이야기시집 <고장난 캠코더> 中

D-47

년   월   일의   에게

난 면을 비비는 중이야
넌 선을 훔치는 중이고
난 점을 뺏기는 중이야

넌 면을 비비지 않았고
난 선을 훔치지 않았지만
넌 점을 그리고 말았지

박상화 이야기시집 <마침표> 中

　　　　　　년　　월　　일의　　　　　　에게

아버지의 아버지의 아버지는
죽음을 생각했어요 왜냐하면
아버지의 아버지의 아버지의 아버지가
죽음 앞에 놓인 것을 보았기 때문이랬어요
결국 아버지의 아버지의 아버지는
죽음을 피할 수 없었어요 그의 아버지들은 많은
죽어가는 것들을 목격했고 거기서 헤어나지
못했거든요 하지만 그 물결을 끊고
잠잠해지는 순간도 오기 마련이죠

박상화 이야기시집 <**분노의 파도**> 中

D-45

년   월   일의   에게

여자는 남자에게
'네가 오후 네 시에 온다면
나는 세 시부터 행복해질 거야'
라고 말했다. 여자의 말에
남자는 눈물을 흘리고 말았다.

왜냐하면 남자는,
어제부터 행복해질 것이라
말했기 때문이었다.

박상화 이야기시집 <시차> 中

년   월   일의   에게

어머니는 무작정 어딘가를 향해 뜁니다
길바닥마다 묵은 실내화 자국이 남아요
옳은 것을 옳다고 말하지 못했다고 해서
그른 것을 그르다고 말하지 못하라는 법 있나요
빗자루로 빨간 카펫을 쓸고 또 쓸어요
매번 일정량의 먼지 일정량의 바람이 일었죠
줄줄이 공을 매달고 나와요 통통 튕기는 공을
바닥에 내던져요 나는 천천히 뛰어도 공은
크게 뛰어요 작은 힘만 가해도 무너지는 변명처럼
평면처럼 비선형처럼 이것과 저것 사이의 차이
처럼 그렇게 원이 되어 뛰는 거에요 통통통

박상화 이야기시집 <드리블> 中

D-43

　　　년　　　월　　　일의　　　　　　　에게

건물 한 평의 가로는 1.82미터, 세로는 1.82미터,
총 면적=3.31제곱미터, 용적률=연면적/대지면적×100
우린 단지 넓은 세상에서 서로를 보고 싶었던 건데
해마다 건물이 대지를 가리는 면적이 늘어났다

박상화 이야기시집 <**건폐율**> 中

 D-42

년   월   일의   에게

모든 것이 엉망인 채 놓여있는 아침도
자고나면 아름다운 달로 변해있죠
강한 빛에 눈을 뜨지 못하던 순간이라도
빛을 받아 아름다운 얼굴이 되었어요

박상화 이야기시집 <얼굴들> 中

D-41

년   월   일의   에게

영수증마다 검은 활자가 숨쉬지 않는 좌표를
뱉었다가 다시 품었다가 다시 내뱉습니다
그 일련의 과정이 무엇을 말하는지 난 모르죠
숫자가 검은 숨을 내뱉고 다시 품듯이

나는 보이지 않는 시꺼먼 숨을 넣었다가
뱉었다가 다시 품었다가 또 내뱉습니다
그 일련의 과정이 무엇을 위해 있는지 잘 모르죠
어두운 굴 속 같은 공기가 흰 활자 위에 그려집니다

박상화 이야기시집 <**영수증**> 中

Chapter 14.
어떤 약속

"우리는 소중한 것을 지키기로 약속했었는데 그 약속마저 잊고 말았어. 하지만 괜찮아. 우린 어차피 그 약속을 위해 존재하는 사람들이잖아."

사공이 외치듯 물었다.

"어떤 약속?"

"넌 벌써부터, 그것을 잊었어?"

누군가의 물음과 동시에 사공은 눈을 떴다. 다시 어두운 벽장 속. 사공은 가물한 기억을 가늠해 볼 뿐이다.

"이 책장을 너의 눈물로 채우게 되는 날이 있을 때, 너는 그곳에서 빠져나올 수 있어."

꿈 속 여인의 마지막 말이 아스라이 허공 가운데 떨어지고 있었다.

사랑하는 사람들의 얼굴을 떠올리고,
무엇이 그들을 웃게 하였는가를 쓰시오.

(만약 당신의 행복이 그들을 웃게한 것이라면,
그들은 당신의 친구가 맞습니다.)

D-40

년   월   일의   에게

누군가의 죽음에 관하여
넌 왜 그런 것을 신경 써
라고 말하는 사람이 있다면
그는 당신의 죽음에도
별다른 신경을 쓰지 않는
사람일 것이다

박상화 이야기시집 <신경 쓰지 마> 中

D-39

　　년　　월　　일의　　　　　에게

밤마다 울음이 터져나왔죠
내 슬픔을 감출 수 있으니까요
마음껏 울면 마음껏 행복할
준비도 마치는 거잖아요
내 울음이 내 휴식이던 시간을
안아 올려요 마음을 다 비우고
행복한 시간만 채워 넣게요
아 졸음이 쏟아졌어요
이제 잘 준비를 마쳐요

박상화 이야기시집 <임종 1> 中

D-38

년   월   일의   에게

브라우니에 커피 잘 구운 카스테라에 우유
입에 쫀득하게 감기는 초코향과 바닐라 냄새
스푼마다 나눠 먹어요 접시에 한가득 담아와요
생크림에 딸기는 물론 내 몫이죠 나는 이것
좋아하고 당신은 그것 좋아하니 입맛대로 떠먹으면
그맛이네요 밤마다 어둠이 터져나올 때마다 긴 말
말고 오늘 먹은 초코 브라우니나 생각해요

박상화 이야기시집 <초코 브라우니> 中

D-37

년   월   일의   에게

치명적인 공격을 하기 위해선
상대의 입장을 잘 고려해야 한다.
지금 당신의 입장을 생각하는 사람이
당신을 해치기 위함인지 아닌지는
아무도 모른다.

박상화 이야기시집 <**치명타**> 中

D-36

년   월   일의   에게

벌써 가을인가봐요
바람마다 찬 가지 냄새가
심장까지 스며든 것 같죠
그런데 어쩌죠? 내 마음은
아직 뜨거운 여름인데
이거 봐요 별이 하늘에
뜨거운 습기를 내뿜는걸요

박상화 이야기시집 <**심장은 여름**> 中

D-35

    년   월   일의   에게

꾸밈 없는 게 나은 사람이 있고
좀 꾸미는 게 나은 사람이 있지
그것 또한 본인을 얼마나
꾸미느냐의 차이지

박상화 이야기시집 <포장을 위한 포장> 中

년   월   일의   에게

빛이 어둠을 부순다는 말을 나는 믿지 않죠
시간이 영원을 집어삼킨다는 말을 믿지 않듯이
우리들의 빛은 어둠으로부터 비롯됐고
이 시간도 사실 영원으로부터 비롯됐다고
믿어요

박상화 이야기시집 <해의 외침 2> 中

년   월   일의   에게

느릅나무가 있는 풍경에 앉아
가을달이 내리는 강을 바라본다
바람 소리는 차고
새들의 노래는 고요하다

검은 꿈마다 떠다니는 뱃사공은
저작거리의 별들을 퍼 내린다
연꽃잎마다 술은 익어가니
아니 마시고 어이 하리

박상화 이야기시집 <내 벽장 속의 바다> 中

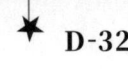

　　　년　　월　　일의　　　　　에게

구름 같은 솜사탕 같은 구름 같은 눈에
눈물 같은 어머니 같은 눈물 같은 땀에
슬픔 같은 그리움 같은 슬픔 같은 눈에
다시 눈이 땀이 눈이 스밉니다

박상화 이야기시집 <이산가족 상봉 현장> 中

D-31

　　년　　월　　일의　　　　　　에게

별이 모이고 모여서 해가 되는 건가 봐요
밤을 비추던 별들이 이래선 어둠을 밝힐 수
없다고 생각한 거예요 그래서 한 군데
모였는데 그게 낮이 되고 말았어요

박상화 이야기시집 <낮과 밤> 中

Chapter 15.
취한 사람들

 연못 물이 모두 증발해 하나 둘씩 어두운 그림자가 그 모습을 드러냈다. 비취색의 눈물이 사공이 눈가를 타고 무던히 흘러 나왔다.
 빛과 그림자 사이로 어두운 그림 하나가 사공에게 말을 걸어 왔다.
 "네 눈물의 실체를 알고 있어?"
 "뭐?"
 사공은 낭황한 얼굴로 주변을 둘러봤다. 그를 제외한 모든 사람이 깊은 잠에 들어 있었다.
 "내가 지금 어디 있는 거지?"

우리는 눈물의 실체가 어디를 향해 있는지 모르고 그것을 흘리우곤 했습니다. 당신이 흘린 눈물의 대부분은 어떠한 원인 때문이었나요? 그것을 기록하세요.

D-30

년   월   일의   에게

장례식장이 사람들로 붐빈다
여기에 어머니의 어머니가 모였고
어머니의 어머니의 어머니가 모였고
어머니의 어머니의 어머니의 어머니가 모였는데
그들이 모두 산 사람은 아니었다

어머니는 어머니를 위해 절을 하고
어머니의 어머니를 위해 절을 하고
어머니의 어머니의 어머니를 위해 절을 하지만
어머니는 어머니를 위해서는 절을 하지 않았다
어머니는 몰라봤던 것이다 영정사진 속
자신의 얼굴을

박상화 이야기시집 <고인(故人) 실종 사건> 中

D-29

년   월   일의   에게

아버지 눈 안에 나를 보지 못합니다
숨은 가운데 어머니 흰 벽면에 죽은 줄무늬 석상
검은 가로등 흰 밤 안에 넣은 정오의 시체와
거문고의 달맞이 노래 황야의 주름처럼 늘어지고
지문처럼 남긴 벽지마다 무성하던 새벽 달 자국

박상화 이야기시집 <눈 안에 눈> 中

D-28

년   월   일의   에게

너 어제 아버지 소식을 들었어?
아니 무슨 일 있었던 거야?
글쎄, 옥상 위에서 미쳐버렸다지 뭐야?
아니 옥상엔 왜 올라갔고? 왜 미친 건데?
글쎄, 하늘을 날아보려는 시도를 했다지 뭐야?
그런 몸으로? 그런 힘으로?
내 말이 그 말 아니야? 말리는데도 계속 했다지?
바닥으로 추락하는 연습을?
그래, 하늘을 날아 보려는 연습을?
그것 참, 기쁘면서도 슬픈 일이로군 그래?
그런데 자네 옆집 순이 아버지 소식을 아는가?
아니 그 집에선 또 무슨 일이 일어났단 건가?
옥상 위에서 미쳐버린 사람이 점점 늘어났다더군!

박상화 이야기시집 <라이트 형제> 中

D-27

년   월   일의   에게

누군가의 눈물이 고여서
하늘이 되는 건가 봐요
어쩜 이렇게 빛나죠?
그건 아마 구름이 네 마음에
별을 걸어놓았기 때문일 거야

박상화 이야기시집 <**구름별**> 中

D-26

년   월   일의   에게

우리는 저마다 비슷비슷한
슬픔을 겪으며 살아가지만
그것을 겪어내는 방식은 삶에
커다란 차이를 가져온다

박상화 이야기시집 <비슷한 차이> 中

D-25

년   월   일의   에게

바람이 잠든 들판에 나를 흔들어 일으켜요
지나는 새는 행복한 소프라노를 흘리우고
풀을 뜯던 송아지도 흥겨운 바리톤으로
보조를 맞추죠 정작 이 연주의 지휘자는
음악이 흐르는 줄도 몰랐는데 풀은 떼지어
머리를 흔들며 신나는 음악에 몸을 맡겨요

박상화 이야기시집 <**바람 댄스**> 中

D-24

          년   월   일의   에게

미풍에 강아지들이 꼬리를 살랑이고 있다
밤나무 아래 모여 밤껍질을 핥던 중 막내의
입에 가시가 박히는 사건이 발생했기
때문이다 강아지들이 입에서 입으로 막내의
입을 핥는 중이다 이에 건너편 집돼지 하나가
저런 강아지들도 뽀뽀를 할 줄 아는데
왜 너는 할 줄 모르냐며 멧돼지를 타박한다

박상화 이야기시집 <**강아지 뿔**> 中

D-23

년   월   일의   에게

우리들은 어디선가 본 적이 있고 본 기억도 있다
하지만 우리들은 우리들을 알아보지 못한다

왜냐하면 그들 중 몇몇은 이것을 꿈이라고
생각했고 몇몇은 봤는데도 보고싶지 않아 했고
몇몇은 이미 많은 것을 봐왔기 때문이고
누군가는 사실 미지에서 왔기 때문이다

박상화 이야기시집 <미지의 사람들> 中

D-22

년   월   일의   에게

이 문이 열리면 또 다른 문이 열려요
우린 문의 끝에서 끝으로 나아가고 있죠
저 문이 열리면 무엇이 나올지 모르겠어요
하지만 좋아요 긴 밤의 끝에 당신만
있어준다면

박상화 이야기시집 <여름 시> 中

D-21

년   월   일의   에게

가끔 어떤 이의 글 중에는

그가 나라는 것인지

내가 그라는 것인지

가늠하기 어려움이 있다

이는 그가 나를 가늠하기

어렵기 때문이 아니라

내가 이미 그이기 때문이다

박상화 이야기시집 <**감정이입**> 中

Chapter 16.
문을 여닫는 사람들

"이제 헤어질 시간이 와요."

책이 어두운 얼굴로 말했다.

"널 이대로 떠나 보내긴 싫어."

사공도 아쉬운 듯 얘기했다.

"아름다운 사람일수록 행복한 이별을 준비하죠."

"세상에 행복한 이별이란 건 없어. 모든 이별은 슬퍼."

"그렇지 않아요. 모든 문은 다음 문을 향해 연결돼 있어요. 우린 그저 문을 여닫는 것뿐이라고요."

이에, 사공은 난데없이 왈칵 눈물을 쏟아내며 얘기했다.

"그렇다면 이 여정이 우리를 위하는 것이었음 좋겠어."

당신이 죽기 전 반드시 해야만 하는 일
이 있다면 그것들을 하나씩 기록하세요.

D-20

년   월   일의   에게

광선에 비를 조금 썰어 넣으면 빛을 만질 수
있어요 형형색색 빛깔마다 감촉도 조금 다르게
느껴지죠 마트에 계신 어머니가 내 분유를
사오는 동안 빛마다 분무기를 뿌려요 그러면
내가 원하는 그림들을 그려볼 순 있겠죠.
마트에 가신 어머니는 돌아오지 않아도
아이는 그림을 그려 어른이 되었어요

박상화 이야기시집 <빛이 기른 아이> 中

D-19

년   월   일의   에게

누군가에게 현재는
선물이지만
사랑을 모두 잃은
사람에게의 현재는
불행에 불과하다

박상화 이야기시집 <호상은 없다> 中

D-18

년   월   일의   에게

마음으로 빚어낸 것들은
굳이 진실을 얘기하지 않아도
하늘에 흔적을 남기죠
먼 후일 우리가 이별할 그 날
하늘에 흘려뒀던 구름이
당신의 눈물을 닦아내길
바라죠

박상화 이야기시집 <구름 스티커> 中

D-17

년   월   일의   에게

어머니 이 거리에
어머니가 아닌 것들이
쏟아져 나와요 어머니
어머니가 하신 말씀
중에는 어머니가 아닌
말씀이 있었는데 이것은
이 거리에 어머니가 계시지
않기 때문일까요?

박상화 이야기시집 <고아> 中

D-16

년   월   일의   에게

한때는 그랬었지 우리 모두가 풀을 뜯고
살아도 행복했지 어른 아이 가난한 사람
부자 상관없이 함께 뛰어 놀았지
갈수록 그게 어려워지는 건 좋은 것들을
봤기 때문일까 나쁜 것들을 봤기
때문일까 요즘 그게 고민이야

박상화 이야기시집 <고민을 말해봐> 中

D-15 ★

  년   월   일의   에게

머리에 글자가

물 흐르듯

흘러요

정말이에요

그것을

존중해야 해요

박상화 이야기시집 <머리에 구름> 中

D-14

년   월   일의   에게

8월은 여름이고 밤도 한철인데
머리부터 발끝까지 해가 차올랐어요
뜨거운 머리마다 찬 소나기가 부을 줄
알았는데 눈을 들어보니 땀이었던 거죠

박상화 이야기시집 <**열사병**> 中

D-13

　　년　　월　　일의　　　　　　에게

내 마음의 꿈에 당신이 다녀간 다음
내가 그린 그림은 더 이상 내가 그릴
수 없는 것이 되었어요 괜찮다면 있어
줄래요? 여기 우리 있는 그림에

박상화 이야기시집 <우리가 그린 그림> 中

D-12

년   월   일의   에게

하늘마다 노란 봄이 내게 스며 들었어요
마치 곧 떨어질 것처럼 가까워서 좀 불안해요
이 감정을 아름답다고 말하면 멀리 떠나갈까봐
함부로 말 못하겠어요

박상화 이야기시집 <츤데레> 中

D-11 ★

　　년　　월　　일의　　　　　　에게

코발트는 항상 우울할 수 밖에 없었다
그의 낯짝에 드리워진 여름이
습기로 가득 찬 하늘을 배반했으니

박상화 이야기시집 <코발트블루> 中

Chapter 17.
우리가 취해있었던 건

그가 깨어난 곳은 꿈 속 어둠. 연꽃 잎마다 다 타버린 술잔이 어지러이 그의 눈에 놓여 있었다.

사공은 곳곳마다 놓인 술잔을 들어 한 모금씩 입에 떨어 넣었다.

그는 곧 알게 되었다. 자신이 흠뻑 취해있었던 건, 술이 아니라

꿈이었단 사실을.

당신이 죽기 전에 하기로 했던 일들을
죽기 전 하지 말고, 지금 하시오.

D-10

　　　　년　　　월　　　일의　　　　　　에게

아침에서 비린 물냄새가 났어요
그림자의 궤적을 따라다니는 해는
구름을 녹이는 중이었어요 오후엔
비가 내릴 예정이래요 날이 찬데
거기에 당신을 두고 와서 미안해요

박상화 이야기시집 <어머니 무덤> 中

D-9

　년　　월　　일의　　　　　에게

빈 몸을 무거이 움직이면

각기 다른 사람들 모여

도로로 질주한다

천국의 응접실마다 분주한 사람들

서너 사람의 의사와 지팡이를 든 노인

그리고 휠체어를 탄 사람들

흰 화면에 알람이 울리고

택시가 그 사이를 질주한다

박상화 이야기시집 <응급실> 中

D-8

년   월   일의   에게

이 길의 끝에 무엇이 있는지 모르는데
어떻게 하염없이 달릴 수 있었을까요.
산마다 흐르는 웃음이 당신인 듯 아닌 듯
희미하게 손짓하는 석양이 내렸지요.
맞닿은 길이 다시 다른 길로 연결되고
그 길에 끝에 웃는 우리의 모습을 마냥
따라갔던 것 뿐이라고요. 근데 거기
정말로 당신이 있을 줄 상상이나 했겠어요.

박상화 이야기시집 <막다른 지점인 줄
알았으나> 中

D-7

　　년　　월　　일의　　　　　　에게

추운 밤마다 몸서리치던 별빛
여름은 꿈을 먹고 자라는 물빛
흰 밤마다 물빛 그림자를 남기고
사라지는 너는 다시 별빛

박상화 이야기시집 <별빛 물빛 물빛 별빛> 中

년   월   일의   에게

D-6

면에 어른거리는 그림이 실제인지 꿈인지
헷갈려오는 나른한 아침 아무렇지 않은 것처럼
오전 10시가 시작되고 창문엔 생각지 않았던
풍경들이 싱그러운 나무 냄새를 타고 흘러나왔죠

"당신의 꿈에 들어가도 되나요?"

지난 밤 꿈에 나왔던 당신이지만
다시 현실에 있다는 것을 확인하죠

박상화 이야기시집 <멍뭉이의 노크> 中

D-5

　　　년　　월　　일의　　　　　　에게

내 시간을 창백한 비로 쏟아 담을 수 있다면
우리들의 그리운 시간을 하얀 구름에 고이 접어
당신이 잠든 머리 맡 창문에 두고 보시라고
종종 두드리겠습니다

박상화 이야기시집 <**바람 노크**> 中

D-4

년   월   일의   에게

어둠 속에 남자 하나가 웅크려 있다
검은 화면엔 창백한 여자의 얼굴이 흔들렸고
남자의 비명이 독백처럼 흐른다
아무도 찾지 않는 폐교에 그림자 하나,
선생님 하나, 학생 하나, 남자 하나,
여자 하나 이렇게 모여들었다
다만 그들이 사람인지 아닌지는
아무도 모를 일이다   .

박상화 이야기시집 <**악몽**> 中

D-3

　　년　월　일의　　　　　에게

가끔 우리들의 뿌리가
저 하늘로부터 비롯된 것인지
땅으로부터 비롯된 것인지
모를 때가 있습니다

하지만 우리가 발을 두는 곳이
꼭 땅일 필요은 없겠죠

박상화 이야기시집 <새, 날아오르기 전> 中

D-2

년   월   일의   에게

너무 맑아서 볼 수 없는 것들이 있죠.
예를 들어 별이 바람에 펄럭거리는 것과
구름 끝까지 닿아있는 우주의 어둠
하늘마다 무성하던 지난 밤의 온도와
당신과 내가 만나기 전까지 있던 사람들
하지만 이 맑음 뒤로 뜬 별이 그러려니 하니
이 어둠 뒤에 뜬 해도 그러려니 할테죠

박상화 이야기시집 <맑음 뒤에 흐림 뒤에

맑음> 中

240

년　　월　　일의　　　　　에게

아무도 없는 305호 문이 열린다
빈 병실에 빈 침대 빈 화분 빈 시계가
아무렇게나 널려 있다 마른 돌담마다 흰 태양이
흰 칠을 아무렇게나 세워 넣는 중이다

반대편 창문에선 흰 칠이 흰 물인 양 새어나왔고
마른 태양 밑으로 흰 사람과 흰 침대와
흰 화분과 흰 시계와 흰 돌담만이
사실은 투명했던 것처럼 있다

305호 문이 열린다

박상화 이야기시집 <비밀의 문> 中

D-day

꿈에서 깨어난 사공은 눈을 비비며 주위를 둘러본다. 방금 전까지 함께 술을 마시던 동무들은 풀섶에 엎어져 자고 있었다.

"허허, 참으로 기괴한 꿈을 꾸었군 그래."

이윽고 주변을 두리번거리던 사공은 기겁하며 그 자리서 일어난다.

호수 위 둥둥 떠 다니는 저것은 분명 자신이 꿈 속에서 보았던, 그 벽장임이 틀림 없다. 사공은 부들부들 떨리는 다리를 하고, 그 자리 우뚝 섰다.

.

.

.

이윽고 사공 하나가 벽장 안으로 나아가고 있었다.

주인공이 이곳을 탈출할 때까지

이 이야기는 계속됩니다.

목   차

011_ 프롤로그
019_ 안내문
025_ 그림자 사람 (D-180)
026_ 퇴근 후 회식 (D-179)
027_ 오늘의 향수 (D-178)
028_ 따르릉 따르릉 띠 띠 (D-177)
029_ 등불 (D-176)
030_ 꽃나무 (D-175)

031_ **Chapter 1.** 시간을 거스르는 사람
033_ 흑백논리 (D-174)
034_ 구름이 똑똑똑 (D-173)
035_ 비스킷 달 (D-172)
036_ 그는 어떤 사람인가 (D-171)
037_ 지금 이 순간 (D-170)
040_ 연습 (D-169)
041_ 반사 신경 (D-168)
042_ 5도씨에서 끓는 사람 (D-167)
043_ 저울질 (D-166)
044_ 네모가 된 동그라미 (D-165)
045_ 하늘 팔레트 (D-164)

046_ 해 냄새 (D-163)
047_ 불꽃놀이 (D-162)
048_ 그림에만 사는 사람 (D-161)

049_ **Chapter 2.** 우리들의 비애
051_ 달빛 (D-160)
052_ 잡종 (D-159)
053_ 사람 죽이는 일 (D-158)
054_ 했어야할 말 (D-157)
055_ 언제나 마지막인 것처럼 (D-156)
056_ 초심으로의 회피 (D-155)
057_ 하늘 그림자 (D-154)
058_ 진짜 겁쟁이 (D-153)
059_ 알코올 중독자 (D-152)
060_ 미루는 일 (D-151)

061_ **Chapter 3.** 갇힌 사람들
063_ 아주 작은 것들의 만찬 (D-150)
064_ 나는 집순이가 아니다 (D-149)
065_ 파도 (D-148)
066_ 꿈이 하는 말 1 (D-147)
067_ 이상과 현실 (D-146)
068_ 재능일까 운일까 (D-145)
069_ 동행 (D-144)
070_ 부조금 (D-143)

071_ 봄, 레몬에이드 (D-142)

072_ 심장에 덩어리 (D-141)

073_ **Chapter 4.** 설계자들

075_ 심각한 인생 (D-140)

076_ 완벽한 인생 (D-139)

077_ 폭풍의 호숫가 (D-138)

078_ 방귀 로맨스 (D-137)

079_ 잘못된 기상 예보 (D-136)

080_ 새의 대화 (D-135)

081_ 설명할 수 없는 것들 (D-134)

082_ 베짱이의 참된 자세 (D-133)

083_ 수증기 (D-132)

084_ 봄눈 (D-131)

085_ **Chapter 5.** 새로운 역할

087_ 돌이킬 수 없는 작은 결함 (D-130)

088_ 꿈의 전차 (D-129)

089_ 투시의 착시 착시의 투시 (D-128)

090_ 밤의 색칠 (D-127)

091_ 취미와 프로 사이 (D-126)

092_ 새벽하늘 은하수 (D-125)

093_ 스모그 현상 (D-124)

094_ 시작과 끝 (D-123)

095_ 트라우마 (D-122)

096_ 폐열증 (D-121)

097_ **Chapter 6.** 갇힌 이유
099_ 추도예배 (D-120)
100_ 사막화 현상 (D-119)
101_ 가족 같은 관계 (D-118)
102_ 당신 얼굴 (D-117)
103_ 고복격양(鼓腹擊壤) (D-116)
104_ 기상 후 (D-115)
105_ 걔멋 제멋 내멋 (D-114)
106_ 이정표 (D-113)
107_ 어른의 벽 (D-112)
108_ 실망을 할 권한 (D-111)

109_ **Chapter 7.** 책의 주인
111_ 비행 운석 (D-110)
112_ 3인의 악인 (D-109)
113_ 반지의 제왕 (D-108)
114_ 주름의 색 (D-107)
115_ 별, 바람, 꼬리 (D-106)
116_ 두 번째 상처 (D-105)
117_ 헌팅 (D-104)
118_ 꿈이 하는 말 2 (D-103)
119_ 세탁소 사람들 (D-102)
120_ 포커페이스의 무게 (D-101)

121_ **Chapter 8.** 텔레파시집
123_ 바다의 외침 (D-100)
124_ 초심이 하는 말 (D-99)
125_ 떠나간 사람들 (D-98)
126_ 무화과도 과일이다 (D-97)
127_ 달 그림자 (D-96)
128_ 눈 발자국 (D-95)
129_ 나비의 탄생 (D-94)
130_ 꿈이 하는 말 3 (D-93)
131_ 로딩 중입니다 (D-92)
132_ 하얀 저녁 (D-91)

133_ **Chapter 9.** 탈출
135_ 목격자 (D-90)
136_ 웅크린 사람들 (D-89)
137_ 해의 외침 1 (D-88)
138_ 곰과 호랑이 (D-87)
139_ 산행 (D-86)
140_ 주사위 던지기 (D-85)
141_ 그늘 아래 (D-84)
142_ 무의식을 의식하다 (D-83)
143_ 사두용미 (D-82)
144_ 모래성 (D-81)

145_ **Chapter 10.** 눈물 젖은 꿈

147_ 당신 생각 (D-80)

148_ 너의 눈동자 (D-79)

149_ 나의 장례식 (D-78)

150_ 갈비뼈 비대칭 (D-77)

151_ 한밤중의 선글라스 (D-76)

152_ 수레바퀴 괴물 아래서 (D-75)

153_ 스물 스물하나 (D-74)

154_ 젊은 날의 어떤 초상 1 (D-73)

155_ 레몬티 하늘 (D-72)

156_ 너를 만나기로한 오후 (D-71)

157_ **Chapter 11.** 다른 사람들

159_ 그와 그녀의 산책 (D-70)

160_ 꿈의 역전현상 (D-69)

161_ 열등감의 이유 (D-68)

162_ 초속 5밀리미터 (D-67)

163_ 성묘[省墓] (D-66)

164_ 분노는 나의 힘 (D-65)

165_ 거울 공간 (D-64)

166_ 반사경 (D-63)

167_ 고인의 실태조사 (D-62)

168_ 순간의 영원함 (D-61)

169_ **Chapter 12.** 여름의 끝

171_ 유령 택시 (D-60)

172_ 혼자 다니는 이유 (D-59)

173_ 그래, 다음에 또 보자 (D-58)

174_ 16BPM 하늘 (D-57)

175_ 돌림노래 (D-56)

176_ 역설이 된 사람 (D-55)

177_ 장난 전화 (D-54)

178_ 카메라 후레쉬 (D-53)

179_ 그 개 달 (D-52)

180_ 롱테이크 씬 (D-51)

181_ **Chapter 13** 눈물의 무게

183_ 네모의 기적 (D-50)

184_ 반사작용 (D-49)

185_ 고장난 캠코더 (D-48)

186_ 마침표 (D-47)

187_ 분노의 파도 (D-46)

188_ 시차 (D-45)

189_ 드리블 (D-44)

190_ 건폐율 (D-43)

191_ 얼굴들 (D-42)

192_ 영수증 (D-41)

193_ **Chapter 14.** 어떤 약속

195_ 신경 쓰지 마 (D-40)

196_ 임종 1 (D-39)

197_ 초코 브라우니 (D-38)

198_ 치명타 (D-37)

199_ 심장은 여름 (D-36)

200_ 포장을 위한 포장 (D-35)

201_ 해의 외침 2 (D-34)

202_ 내 벽장 속의 바다 (D-33)

203_ 이산가족 상봉 현장 (D-32)

204_ 낮과 밤 (D-31)

205_ Chapter 15. 취한 사람들

207_ 고인(故人) 실종 사건 (D-30)

208_ 눈 안에 눈 (D-29)

209_ 라이트 형제 (D-28)

210_ 구름별 (D-27)

211_ 비슷한 차이 (D-26)

212_ 바람 댄스 (D-25)

213_ 강아지 뿔 (D-24)

214_ 미지의 사람들 (D-23)

215_ 여름 시 (D-22)

216_ 감정이입 (D-21)

217_ Chapter 16. 문을 여닫는 사람들

219_ 빛이 기른 아이 (D-20)

220_ 호상은 없다 (D-19)

221_ 구름 스티커　(D-18)
222_ 고아　(D-17)
223_ 고민을 말해봐　(D-16)
224_ 머리에 구름　(D-15)
225_ 열사병　(D-14)
226_ 우리가 그린 그림　(D-13)
227_ 츤데레　(D-12)
228_ 코발트블루　(D-11)

229_ **Chapter 17.** 우리가 취해있었던 건
231_ 어머니 무덤　(D-10)
232_ 응급실　(D-9)
233_ 막다른 지점인 줄 알았으나　(D-8)
234_ 별빛 물빛 물빛 별빛　(D-7)
235_ 멍뭉이의 노크　(D-6)
236_ 바람 노크　(D-5)
237_ 악몽　(D-4)
238_ 새, 날아오르기 전　(D-3)
239_ 맑음 뒤에 흐림 뒤에 맑음　(D-2)
241_ 비밀의 문　(D-1)
243_ D-day
246_ 목차

257_ **Chapter 18.** 나비의 날개짓
258_ 에필로그

Copyright ⓒ 박상화, 2019.
이 책은 저작권법에 따라 보호를 받는 저작물입니다

Chapter 18.
나비의 날개짓

멀리 나비가 날아 오르고 있다.
누군가 접어 날린 종이 비행기가
나비가 되어 높이 날고 있었다.

.

.

.

사공은 곧 그 나비가 자기 자신
이라는 사실을 알게 됐다.

에필로그

잠꾸러기 아가가 울음을 터뜨린다.

"아가? 왜 우니?"

아이는 곧장 엄마에게 달려 나간다.

"몰라 나 이상한 꿈을 꾸었어."

벽장 문이 닫히고, 그 속에 책이
한 권 떨어져 있다.

내 벽장 속의 바다

박상화 이야기 시집

『 제1권 』

시작합니다

'   '에게 일어나는

180일의 기적

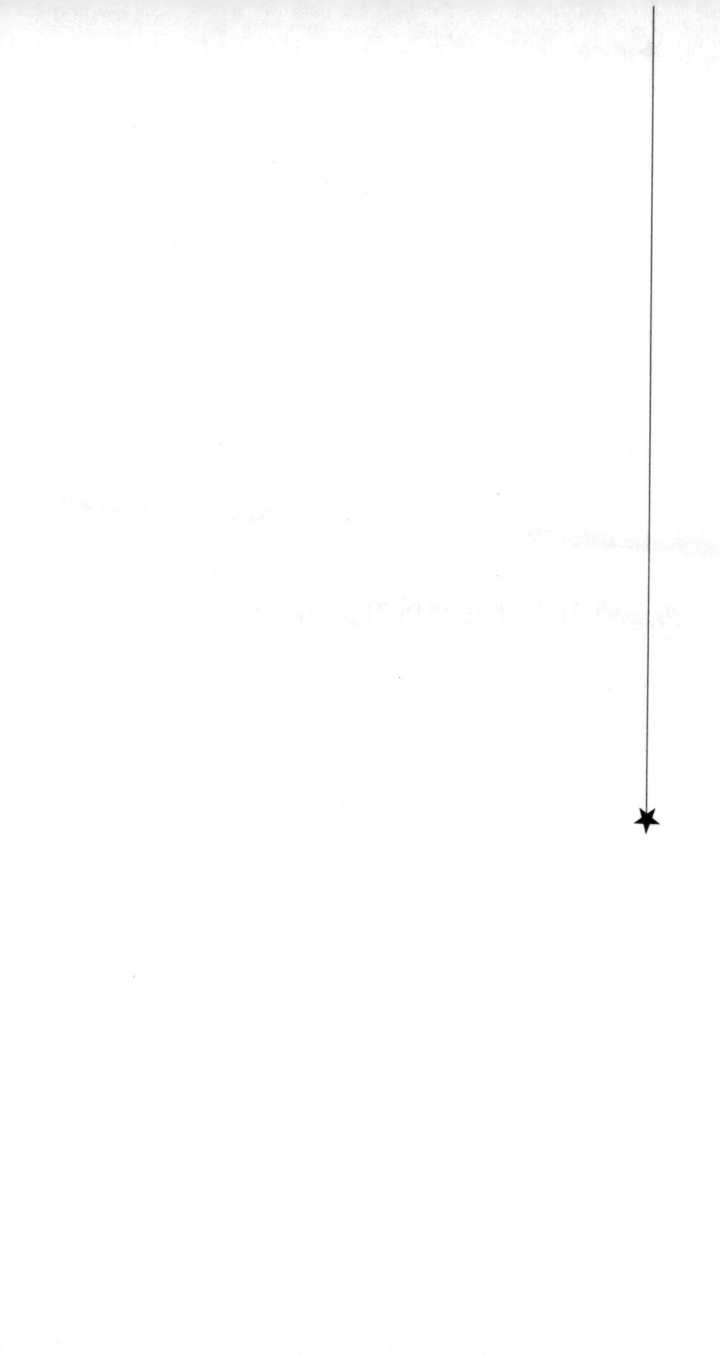

이곳에 당신만의 이야기를 써주세요.

이 시집은 거꾸로 읽힐 수 있습니다

년   월   일의   에게

내 벽장 속의 바다

.박.상.화. .이.야.기.시.집.

벽장 귀퉁이에 무언가 '뱅그르르' 소리를 내며
자신의 바로 앞까지 굴러오는 것을 느꼈다.
펜이었다. 얼떨결에 그것을 집어든 사공은
그것을 자신의 주머니에 넣는다.

1판 1쇄 발행 2019년 7월 17일

지은이 | 박상화

편집자 | 박상화
디자인 | 박상화
펴낸곳 | 도서출판 을궁
등록 | 2017. 9. 18. 제2017-000024호
주소 | 경기도 평택시 청북읍 안청로4길 51, 909-401호
문의 | 070-8098-9109
메일 | lovewrapping@naver.com

ISBN   979-11-967080-0-9 (03810)

- 이 책의 판권은 지은이와 도서출판 을궁에 있습니다.
- 책 내용의 전부 또는 일부를 이용하려면 반드시 저작권자의 서면 동의를 받아야 합니다.
- 잘못 인쇄된 책은 구입처나 출판사에서 바꾸어 드립니다.